這樣拜才有出頭天

暢銷書《這樣拜才有效》作者最新力作

王品豊(ㄌㄧˇ) 著

老天！為什麼我總是諸事不順？

本書教您拜神轉好運，將業力轉助力！

「**業力**」，其實就是「**種什麼因、得什麼果**」，好的稱做「**福報**」，不好的稱做「**惡報**」。

您是否怨嘆過，為何明明比別人努力，機會、財運，總是差那麼臨門一腳？

或者一次又一次付出感情，卻總是遇人不淑，換來身心傷痕累累？

這就是「業力」的催討，它不斷阻礙您的錢途、感情、健康、甚至人生種種機運狀況。

「業力」如同負債，可以協商、也可以談判，

本書教您正確拜拜方式，並以神尊之名，行功造德，

便可化解業力，為自己搬除障礙，厄運也能轉福報。

作者序 業力不走，財力不來

拜拜系列叢書，從《這樣拜才有效》、《這樣拜才有錢》、《好神引導，一拜見效》、《這樣拜土地公才有效》一直到本書的撰寫，基本上都是以教導大家如何在宗教信仰中，獲得眞正重生的力量。請注意！重生的力量是指：如何透過神威的能量導引，增補人身能量的不足，進而改善實際生活中的不足。對很多人來說，所謂的「不足」，一般都是指財運的不足，進而引發情緒、感情、健康上的種種問題。因此，上述筆者所著的幾本書，主要是教大家透過神明的力量，達到自我欲望的滿足，在滿足之後也能因感念神恩，繼以行功造德回饋神明的慈威。

力量，如果不是非常具體的改變，充其量不過是能量，當中的差別在哪裡？或者我可以這樣形容：信仰是一種能量，但信仰不是力量，信仰會讓人在思緒中隱隱覺得「似乎好像是這樣」，但在現實環境中卻又看不到任何具體的改變。

舉例來說，你的手機充飽了100％的電力，這時電力只是「能量」，直到你打開手機選出要撥打的號碼，按下「Enter」鍵，手機訊號發射出去了，與對方開始說話溝通，這時電力的「能量」才轉化成「力量」。所以，能量是一種隨時儲備呼之欲出的狀態，而力量是指你明確的知道能量的方向與目標。

台灣是個宗教自由的地區，人們隨心所喜參與接觸各種宗教活動，從另一個思維來說，人們參與宗教盛典如同儲備能量，但卻不知道如何將已經儲備的能量，有效的轉化爲對自己有具體幫助的力量。而大多數的教義除了依照傳承廣宣教法之外，鮮少告訴教友們該如何具體地面對自己的困境，只是以祥和無爲的言語做心理上的撫摸，猶如面對全身灼傷的人，不管他如何哀嚎，只能一再溫和的婉言勸慰：要接受、要忍耐，而對眞正的燒痛卻全然束手無策。

今年返鄉過年時，我接到一位朋友的電話，他說他二十多年來異地他鄉孤軍奮鬥的產業，在今年過年前，全部耗損殆盡，甚至一夜之間負債數千萬，最後的關鍵是如果過年前他發不出員工的年終獎金，過完年後不會有員工繼續到他的工廠上班，而他也即將面臨工廠倒閉、落跑逃亡的慘事。五十多歲的他在電話中說得老淚縱橫，令人唏噓。

與他約見時，他說他在全盛時期也是熱衷於拜拜，只要有廟宇要他捐款他從來不會拒絕，但他不瞭解爲何他做了這麼多「功德」，卻還是抵不過「業力」的催索？在即將黃昏之年，如果眞的趴下，再重新站起來的機會幾乎是微乎其微，話到涕泗縱橫時，兩鬢斑白、歷盡滄桑的眼尾刻痕清晰可見，他拿著我的書，逐頁的翻閱問我他現在應該先做哪一項才能讓他浴火重生？

我請他把書闔上，告訴他既然事情已經迫在眉睫，做任何的膜拜都是緩不濟急的事情。想到他之前做了這麼多的功德，又是某某功德會捐款、又是某某地方蓋佛寺辦法會，於是我建議他先去把這些功德要回來，幫助他此刻面臨的事業瓶頸。

他一聽，不敢相信也不明白什麼叫做「把功德要回來」？很多人不明白所謂的「功德」就是一種「能量」，大家都以爲只要做功德自己就會得好報，話雖如此，但是各位別忘了，不管你做了多少功德，**在神佛不破業力的前提下，即使你的功德堆積如山，也不過像滯積的一潭死水，一來你並不知道如何把功德的能量轉為福報的力量；二來業力的催索是建立在公平原則的基礎上，該業力催索的時候，功德是無論如何也進不來的**。以這位朋友的例子來看，很明顯的，當下立刻去化業力肯定是來不及的了，但幸好他有累積諸多的功德，因此，倒是可以請神明幫他擋一下，先過了這難關再去好好的清償業力。

過完年後，朋友又打電話來說，原本他正在爲發年終獎金坐困愁城，這時竟然有一位廠商打電話給他，開玩笑的笑罵他，還不快去找他請款，這時他才恍然大悟他有這一筆尚未申請的款項，這筆錢讓他順利的過了年關，也過了一個好年。

舉這個例子的用意只是要說明，能量是一種抽象的存在團，假如你無法確知你要如何運用這股能量，沒有目標、沒有方向、沒有標靶，能量始終是能量，絕不會變成力量。即使你深信每天念一部經具有數百千億功德，但功德的能量卻不見得會在此時此刻變成你需要的力量。因爲，在你的思維概念中，你從來不曾存在功德轉福報、能量轉力量的念頭。

具有輪迴觀念的教義，接受輪迴也接受業力說，生命能量因爲輪迴而重新成爲生命有機體，在輪迴的大機器裡，從前世來到今世稱爲「應劫」，而在輪迴的時序中，生、老、病、死、恩、怨、情、仇，與自己、與自己的家人、與家裡以外的人所產生的各種問題、糾結、矛盾、喜悅、歡樂等等，直到生命結束又進入涅盤等待輪迴，此一過程就稱爲「歷劫」，人們一再的隨因緣而生隨因緣而滅，猶如蛹之生蝶之死，又如朝花夕露吉光片羽，因此，佛家說來世成佛，道家說羽化登仙，說的講的不外是教人體會這生死的過程都是夢一場、苦一場……而最後的結論是：業報可畏。

釋迦牟尼在即將涅盤（往生）時，側躺於床上對著苦苦求祂常駐人間的教徒說：「眾弟子啊，我一生勤修佛法，練就一身金剛不壞，但最後仍不敵業力催討，我離開之後眾弟子們千萬要繼續持續不懈，繼續對抗業力啊！」這些話等同於「革命尚未成功，同志仍須努力！」只是，革命最後成功了，而業力仍然「橫行」千年，成為最大的宿敵。

但業力真的可畏而無法消弭？記得小時候曾看過一篇故事，故事說有個事母至孝的書生，家境貧寒母親臥病在床，書生勤侍湯藥片刻不離，豈知書生受業力催索陽壽已盡，那天黑白無常持令逮人，但是看到書生跪膝餵藥對母親無微不至，黑白二人相視而望，最後白先生對黑先生說：「這人是孝子，我們抓不得，會被雷劈的！」黑先生點頭表示同感，於是二人咻的一聲化成清煙打道回府，閻羅王看黑白二人空手而返，認為二差辦事不力準備嚴罰重斥，黑白二人立刻將所見所聞逐一稟報，閻羅王不信世風日下，竟然還有這種二百五的孝子，於是決定親自前往探看，看完後，閻羅王大嘆一聲說，我當人時還曾得過鄉里間的模範孝子，皇帝賜我紅翎，鄉人爲我放鞭炮席開百桌，我當日的所作所爲尚不及這孝子身上的一顆疙瘩，話說百善孝爲先，我豈能忍心讓他老娘白髮人送黑髮人？「罷了！」閻羅王大嘆一聲也化作一縷清煙返回地府，當下喚來書生的業力，表明願以功德相送讓業力離苦得樂，也希望業力給他幾分薄面，放過書生一馬。業力眼看條件開得不錯，當場同意和解，化成一陣清煙上天堂去了。

同樣都是科學尚且無法驗證的神話故事，但是往樂觀的角度來想，與其悲觀的認爲業力不可破，何不積極的尋求與業力化干戈爲玉帛的方法？但最後又該如何證明有效與否？其實不難，黑貓白貓，誰抓到老鼠誰就是好貓，當你憑著你的懺悔心和誠心，一心一意的願意相對付出代價與業力和解時，業力並不會固執的非要你命不可，套句江湖上說的話，欠債還錢而已，把你搞死了要不到錢得不償失啊！

曾有位朋友在做完與業力和解之後，據他說還夢見他的業力小姐來托夢，夢中謝謝他不但圓滿了她心中的怨尤，還被他送往觀音淨土修行，他日如果修成正果她願意結草銜環以報恩，說完飄然而去，此後的幾年，朋友一路飛黃騰達，似乎冥冥之中有得業力暗中相佑一般。

本書是我的拜拜系列中的最後一本（可能！嘿嘿！）但就我的長期經驗來看卻也是最重要的一本。大凡所有人大概都是兵臨城下時，才開始呼天搶地的請神相救，也可以說會走進廟裡持香請求的人，大多是到了憑一己之力也回天乏術的地步，於是期待神仙大展身手助他一臂之力。但如同前面所說，遇到業力催索的時間點，任何的福報是無法靠近的，換言之，要想有福報進來改變現在的坎坷，勢必要先知道如何與業力共舞，化敵爲友或改變彼此的業力關係；當關係透過神明的功德產生質變時，業力的加害就有可能不存在。其實，說業力加害，對業力來說是很不公平的，業力的催索應該是「求償」而不是「加害」，若不是你不仁在先，他又何苦緊逼在後？由這觀點去理解業力的存在原因，或許業力會心平氣和一點，而你償還時也會心甘情願一點。

本書各章節的撰寫，主要目的是以分享經驗的角度，讓大家對業力有更深一層的認識，並且知道如何與業力化敵為友，轉化當前的窘境，並且從中體會「陰陽兩利」的雙贏重要性。我並非要硬生生的傳承過去的訛誤，用無知當博學的自喻權威，而是站在今時今日的時空背景下，與大家攜手一窺業力的堂奧，唯有用現在的教育水平重新理解古老的名詞，才不至於為人所盲導甚而貽笑大方。君不見有諸多自詡高級知識份子之人，往往因自己不求甚解最後栽在江湖郎中之手，你說是郎中騙了他？還是他的自負、偏見誤了他自己？

古老的傳說若能歷經千年，必然有它存在的價値，唯不同的是你該如何憑你自己的現代知識，從古老的法則中Update，萃取新意為你所用。業力說是其中之一，但業力眞的可怖？見仁見智吧，如何破解？如何擺脫業力糾纏求取嶄新人生？請看本書！

王品豊

二〇一二年於上海

目錄

第二章 阻礙運勢的業力有哪些

第三章 如何處理業力招好運

第四章 如何請求神界能量幫你化業力

第一章

在塵世中輪迴的業力

- 業力到底是什麼
- 有輪迴就有業力
- 大法師的金手指
- 功德轉業力

「業力」一詞來自宗教語彙，眾所周知的，在佛教的經典傳法中，經常被廣泛的使用，甚至在日常生活中，也已經被大多數的人定義為：「凡是不可改變的事實，在積極的抵禦無效之後，只能將它消極的視為必然的結果。」因此，緊隨業力之後的就是承認、接受、無奈也無計可施。

既無法可以改變現狀，但又不能否認它的存在性，於是，人們互相拍拍彼此的肩膀，勸慰的說：「一切都是業力啦！」言下之意就是默然接受不可改的事實，苦命的女人遇到家暴的丈夫，她寧可選擇業力說，也不願尋求相關單位庇護；積極尋求東山再起的失敗者，在聽到得道高僧親口說出，業力不可破之後，在屢戰屢敗的掙扎奮戰中，讓他徒然長嘆：人終究拚不過業力；家有不孝子，敗家、逆父、弒母，人們因為業力說而甘於讓敗家子繼續行兇逞惡，默認他的無恥劣跡……一切的一切，當人們內心對當前事物充滿無力感時，「業力」一詞總是會成為最好的麻醉劑，讓每一個人在最無力的狀態時，自我麻醉視若無睹。

姑且不去研究「業力」一詞的來龍去脈，但相對於我們而言，最關鍵的問題是：「『業力』對我們而言很重要嗎？」

幾年前一位從事星座命理研究的工作者，因突發性的疾病造成蜂窩性組織炎，緊急送醫後截去一條腿，終於才保住一條命。幾年後他上電視分享這段往事，他說被截肢的一開始，他的內心始終難過與不平，久久不能自已。幾年後他試著從佛經中慢慢地尋找平衡點，佛經告訴他，往昔所造諸惡業，皆由無始貪嗔痴……又說，欲知前世因，今生受者是……但他心裡始終有一個疙瘩：他究竟做了什麼不好的事情，竟要讓他今生用一條腿來償還？而在今生，他有家庭有事業，少了一條腿讓他吃夠了苦頭，內心的折磨無法說起。

有一天他在火車上遇見一位久未相見的長輩，言談之下才知這位長輩是一位「大檀越」。「大檀越」是指精研佛法數十年的老居士，老居士告訴他，他修佛四十多年，參透各宗各派經典，但他臨老之際最終不得不承認，業力眞的不可破！於是勸他要接受業力的催索，該還的就該還給人家，以免來世還得重新來過。

這位星座專家聽了老居士的話，頓時有如醍醐灌頂，他心想，他尊敬的老居士，在研修數十年後，幾乎以放棄的口吻說「業力不可破」，而他自己修佛消業力也不過才短短數年時間，消業力這件事哪輪得到他說話？再去對照他失去一條腿這件事，頓時他內心的陰霾雲淡風清了，一句「業力不可破」瓦解了他心中的憤恨與矛盾。

此後，他在電視上分享這件事，並告訴公眾「業力不可破」，而他則將更加矢志精研佛法。

無意中看過他的電視分享後，我想著，業力眞的不可破？失去一條腿如果被認定爲是償還業力的代價，那麼往後的人生，因失去一條腿所帶來的不便與障礙，這又算什麼？是不是也可以認定爲業力繼續催索的一部份？畢竟人的腿不是蜥蜴的尾巴，截去之後是不可能再生的。另一個角度的想法是，假如可以預先知道業力即將來要一條腿，你又是否心甘情願的賠人家一條腿？或者你會希望協商出另一種償還的方式，而不是奉獻一條腿？

佛教中有這麼一個故事，有一個大修行者在未成佛之前，跑去找他的表哥，跟他的表哥說，我前世斷了你一條手臂，我必須把手臂還你，否則這會成爲我的罣礙來世無法成佛，說完他立即取刀自斷一條手臂，了卻前世一段業力。姑且不論道理是不是講得通，單是想像那個畫面，切斷一條血淋淋的手，要毫不知情的表哥接受前世的虧欠，換成你是表哥，豈不嚇得臉色發白？

有時看到這個故事，會覺得杜撰的人過於矯枉過正，彷佛吸收了佛經的知識卻食古不化，業力固然是要償還，以取得借貸平衡，但是，這位大修行者都知道他來世即將成佛了，爲什麼還是固執的要把手臂還人家？在他修佛的過程中，難道他不知道修佛首先是發願，發誓自己如果來世成佛，將要爲眾生做哪些事，如果他眞的知道他來世即將成佛，何不去跟他的表哥說明此事，並且以他未來成佛的願力償還他前世欠表哥一條手臂的業力？

業力的確是可怕的，爲什麼可怕？因爲你並不會知道業力何時來催索，也不會知道它將以哪一種形式對你進行報復，而我們只能抱著揣測恐懼的心，無力的等待業力臨門。當你在同情他人受業力催索，躺在床上成爲植物人時，業力對你的報復可能是讓你家財耗盡、眾叛親離、或是百病纏身，而我們都不確知它何時來，將會發生什麼事。

很多年前，台灣上映過一部電影，叫《恐懼的總和》，內容說的是幾個主角被一股看不到、摸不到、無法問明原因的力量追得四處奔逃，最後都死於非命，唯一的生還者最後躲進精神病院，在四道牆都是海綿的保護下僥倖生還。

如果給這部電影寫一個簡單的前傳，應該是說，在他們的前世曾經結夥做了一件天理不容的事情，例如謀財害命等等，受害者可能被淩虐致死含恨而終，這些人雖然達到了搶掠的目的，但是他們心裡始終也存在著恐懼。時光輾轉數十年或數百年之後，這件事情始終是加害者與受害者間一直未能平復的事情。受害者一心想討回公道，加害者的潛意識一直存在被報復的恐懼感，兩者間的能量體得不到平衡，於是這股能量隨著時間進入另一個輪迴的空間，他們在這裡進行「能量平衡」矯正，加害者被看不見的安排一個個死於非命，受害者變成無形的力量，進行對每一個加害者的「業力催索」儀式。有人甚至躲進教堂，祈求耶穌基督救他，但被釘在十字架上的耶穌，只能悲憫而無力的看著他，因為，神在宇宙公平定律下，也不能以祂的神力干預業力平衡。

人們因為認同業力說，所以創作了這部濃厚的東方業力說的西方電影，但也深受宗教所說「業力不可破」的影響，因此，在後續的續集中，無形的業力仍然緊追其後，而每一個受業力催索的人也只能倉皇逃命。

如果站在宗教所說的：「人間是一個道場」，每個人接受輪迴的安排，主要的目的是要來接受「業報」，那麼站在公平的原則下，除了接受業力以牙還牙的對待之外，難道沒有其他的辦法償還對業力的虧欠？而只有束手無策的任其進行報復？眞的如宗教所說業力不可破，卻又勸說勤奮念經、念咒償還業力？矛盾之詞散見諸文，而千百年來人們被制式洗腦之後，不管積極或是消極的作爲，最後徒然無功，只能雙手一攤怪言一切都是宿命安排，既然如此人間又何苦來一遭？

業力到底是什麼

「業力」是什麼？「業力」的定義爲何？它是怎麼發生的？什麼時候會發生？

在現代人對業力的定義中，可以理解爲「讓事情發生的原因、以及讓事情得到這種結果的一種力量。」就像有些夫妻吵架時，總是會咆哮對方說：「我當初眞是瞎了狗眼才會嫁給你！」另一方可能會反諷：「我還懷疑當初是不是你給我下符！」但是，當初的當初，眞的一個是瞎眼的狗，另一個是被下符的受害者嗎？當然不是，如果當初不是天雷勾動地火、乾柴烈火一觸即發，兩個人怎會開始海誓山盟？

現代飲食男女連談戀愛都講求效率，急於相互摸索，就像拆聖誕禮物一樣興奮，等到興頭過了，發現對方不過就是盒子裡的一雙臭襪子，於是又開始積極尋找下一個聖誕禮物。每個人發作（覺醒）的時間不一樣，有的人一夜甦醒拾衫而去，只留下床頭煙灰缸裡的一顆煙蒂；有人十年黃粱一夢，下意識的打算另闢蹊徑。要走的人不想留，想留的人又死活不讓對方走，於是業力來襲，男女間的貪、嗔、痴、慢、疑開始翻雲覆雨。

「業力」也不全然是不好的，含著金湯匙出生的人，是業力所驅；有美滿幸福婚姻的人也是業力所爲；家財萬貫日進斗金更是業力所得。**就結果論來說，為人所喜的業力就稱為「福報」，為人所苦的業力就是「惡報」，不管所喜或所苦的業力，人們就一律稱為「業報」**。

不過「業力」不只是結果論而已，它也可以稱爲「原因」，就是指一開始的想法，不管你是自願或是被驅使，反正你去做了，事情的結果就是那麼發生了。因此「業力」的存在無來始也無去末，它像涓涓流水無法抽刀斷截，更像水中映月讓人無法捉摸，所以沒有來沒有去，從前生來到今世，從今生去向來世，周而復始一直依附於輪迴的時間軸線裡，隨不同的因緣、不同的命運起伏載沉。

「業力」一詞來自梵語譯義，近代有很多人在研究「業力」一詞始源於何處，而經過諸多的引經據典與考究，發現「業力」一詞在古印度時，包含當時的佛教、印度教、錫克教、耆那教等，都有業力的觀念，也就是說在當時的宗教氛圍中，教與教之間共同認定靈魂有輪迴、有因果關係，透過因果關係的影響產生了「業力」或「業報」，佛教傳進中國之後，又將印度諸教的概念也一併帶進來中國，只是佛教並沒有特地強調「業力」是共有觀念，最後被大家錯以爲是佛教獨有。

「業」是一個動詞，代表你所做的事或是你的行爲，「力」則是業的對應關係，簡單來說，就是一個人的行爲做了某一件事之後，所得到的影響力，這就稱爲「業力」，梵語稱爲karma（古譯羯磨）是指個人過去、現在或將來的行爲所引發的結果的集合。

例如一個離婚的母親含辛茹苦的養大一個孩子，年輕時咬緊牙關只要是能賺錢的事情，她都會爲了養育孩子而去做，有病也捨不得去看醫生，光憑著意志力一天拖過一天，等到兒子研究所畢業之後，她已百病纏身。

此時兒子交了女朋友準備結婚，女方家裡強調要先有車子、房子才能把女兒娶走，兒子回來跟媽媽要兩百萬買BMW，媽媽覺得這種婚結得很物質，並且認爲兒子是受了他人的唆擺才會回來跟一身病的老媽要錢，爲了防止兒子受騙，因此一口拒絕兒子的要求。

兒子看媽媽不答應，於是改弦易轍去找爸爸要錢，爸爸的狀況其實更慘，自從離婚之後忙於工作應酬，把身體喝壞了，一次大便出血，緊急送醫後驗出是大腸癌末期，僅有的積蓄大部分用來治療癌症。而此時兒子卻來跟老爸吵著要買車子，離婚的夫妻倆一陣電話溝通，最後決定息事寧人，把兩百萬給兒子買車，起碼先換得一陣子的安寧再說。

很多家庭似乎都曾發生過諸如此類的事情。夫妻離婚是一種業力，媽媽一個人養活兒子是一種業力，兒子想結婚想買車又是一種業力，十多年不相往來的離婚夫妻，因爲兒子要買車的事情而再度聯繫也是一種業力，如今兩個人垂垂老矣又去日無多，再也管不動執拗的兒子，只想給錢了事求片刻安寧，這也是一種業力。

從這個例子再去對照其他的狀態，你就會發現業力的發生始末並不是one by one，它是在一個狀況裡面不斷的衍生、不斷的糾纏，沒有了結的一天，從前世流瀉到今世，再從今世流瀉到來世。因此才會說業力隨著時間流轉，而時間就是輪迴，輪迴像氣流一樣從沒因時間的流逝而停止過，所以，宗教界人士才會一致認爲業力可怕卻不可破。

業力關係存在於一個共同磁場內，會形成接受、抗逆等等的反應。例如一個家庭就等於一個磁場，磁場中的每一個人都受家庭共同的事情影響而產生接受、抗逆、躲避等等回應。擴大來說，一個家族也是如此，一個家族的共同事情也會影響這個家族中每一個家庭的不同思考與回應。再擴大至社會、國家、國際都是相同的道理，於是產生了「共業」理論。

佛教教義中認爲共業的輪迴序列中，由外而內可概括爲七大列，依序爲：

1、極共業圈

這是指眾生的一切生存空間，只要是有生命的物體，在地球上都需要陽光、空氣、水，因此，形成一個極大的共業圈。

2、大共業圈

這是指眾生中，由「人」的生命物種所產生的相同業力，所有的人彼此分享也共同承擔。

3、國族共業圈

這是指在法律條件的基礎下，非意志選擇或意志選擇的國家社會群體。例如你一生下來就是台灣人，因此你享有國家賦予的權利、義務，你無法在出生時選擇你的國別，直到你長大後，你可能憑著意志選擇移民，但移民到另一個國家之後，你仍然必須遵守該國所賦予的權利、義務。

4、**各別共業圈**

這是指任何小於國族共業圈的業力團體，你身爲中華民國國籍，受中華民國憲法所保護與管束，但你所在的地方可能是台北或是高雄，兩地風水民情不同，對憲法的理解也不盡相同，因此對你產生不同的影響性。

5、**不共業圈**

這是指一個家族而言，這個家族的成員共同承擔、分享家族的業力，你若不是這一家族的人，你與他們就不會形成共業狀態。

6、**極不共業圈**

這是指兩個人之間的恩怨情仇，而與第三者無關，因此，從第三者的立場來看，是當事人彼此間的利害關係，例如熱戀的男女要結婚、兩個合夥的人要拆夥等等，爲什麼要結婚，爲什麼要拆夥，在分分合合的過程中，實際的狀況只有兩個人心裡互相清楚，他們兩人的恩恩怨怨，因爲第三者的我們無權參與，所以對第三者或旁人而言，就稱爲極不共業圈。

7、最極不共業圈

這是指個人的意識認定、心志認定所產生的業力，這種業力爲個人所有，旁人無法觸及，因此任何人都無法介入，而這樣的認定卻牽引他身不由己的去這麼做這麼想，於是形成了一個新的業力家庭——最極不共業圈。

舉例來說，你受到業力感應而輪迴成爲中國人，成爲你家族中的某一個成員，你是你父母的子女，與你的父母、兄弟姊妹成爲一個共同業力家庭。然後你結婚了，擁有你的婚姻家庭，而你的原生家庭則成了你的家族，在家庭中你與你的配偶又形成一個「極不共業圈」，影響著你家庭中的其他成員。然而你的所思、所爲又是根據你自己的意識而來，別人無法觸及，因此自己就身處於「最極不共業圈」。

這是直向連結的業力說，而橫向也是相同的道理，向外拓展出你與你的同學、朋友、同事、上司、下屬等等人的接觸，而締結出不同的業力圈。

從古至今，在「業力不可破」的謬誤下，修行者把修行的關鍵放在第七「最極不共業圈」，道家說遠離紅塵入山修道，佛家說四大皆空得證菩提，因爲他們都認爲既然無法破解前面的六圈，不如守住自己的第七圈，而守住的方式就是對一至六圈所發生的一切事物，暫時無感、無視、無爲，一心只等著自己修成正果再來處理。

佛法的業力論，把共業說擴大到極致，論述相當完美，但最後它又認爲凡人無法破除業力，而必須透過老實念佛，將個人一切的業力轉遞給已修成正果的佛，請祂幫你化除，但是也同時存在相對的交換條件，就是你必須信仰祂或是持誦祂的經典。這部分最後的回歸與基督教的信仰耶穌有異曲同工之妙，信徒們把一切的原罪，在信仰的基礎下全部交由十字架上的基督承擔，人們在找尋一個可以為他的所作所為負責的力量，卻從不驗證這個力量是否眞的存在，因為教義已經很明確的告訴你，不可三心二意且要深信不疑否則不靈，千百年來人們懷著忐忑的心既期待又怕受傷害，為了等待被救贖而不敢跨出界線外。

每個宗教都強調唯一論，佛教講不二法門，意思是說除了佛所說的法之外，再也沒有其他的方法；基督講原罪論，意思說滿身罪惡的人，不論你如何的努力也無法脫去你的罪衍，唯有眞誠信奉基督才能獲得救贖，人們被宗教的教條所束縛，長久以來不敢正視解決業力或原罪的其他途徑，因為深怕背叛的結果換來更深的沉淪，總也擔心宗教懲罰說會讓自己萬劫不復。

有輪迴就有業力

最近在大陸某省發生一件地方事件，一位白手起家，攢積家產好幾億人民幣的富翁，他的兩個兒子卻揮霍無度，仗著老爸有錢壞事做盡，有一次酒駕撞死人，被關進牢房裡等待判決，有錢的老爸動用了金錢、人情勢力，好不容易將兒子罪嫌漂白無罪開釋。誰知兒子才一出獄沒幾天，就讓尋仇的冤家給殺死了，老爸一陣錯愕，早知兒子會被殺死，倒不如被關在牢房裡還安全一點，現在，垂垂老矣的爸爸，坐擁金山銀山，卻失去了生命中最珍貴的兩個兒子，爸爸老淚縱橫直說這是他的報應！

時光如果退後回溯三十多年前，受教育不高的爸爸，用包娼包賭的方式，水裡來火裡去，風尖浪頭拚生冒死的獲取錢財，老婆受不了他的酗酒毆打，丟下丈夫、小孩子交給家裡的幫傭帶；再大一點時，爸爸花了很多錢買通關係，把兩個小孩子往國外送，一心以為小孩學會一點洋文回來，就可以繼承他的衣缽事業。所有事情的安排看起來都算完美，直到有一年的暑假，警察局打來電話，說他的兩個小孩從國外夾帶毒品被逮住了，挾毒闖關這事情在中國可大可小，大則判處死刑小則無罪開釋，關鍵在於後台背景勢力強弱。

兒子闖禍了，老爸開始四處灑錢找關係，說死說活總算把兩個兒子從鬼門關拉出來，送出國都還有本事惹禍，老爸無奈只好把他們拴在身邊，兒子在老爸身邊耳濡目染學會了老爸那套張三李四生張熟魏，也開始狐假虎威，最後酒駕肇事，造成生者痛死者悲不可挽回的慘劇。

業力的發生就是這麼回事，陰陽學中說「害生於恩」，佛學中說

「成、住、壞、空」，白話來說就是害一個人就是要對他好，寵他、愛他、放縱他，讓他予取予求，爲了讓他滿足所有的欲求而不去節制它，這是「成」；一直沒有節制卻以爲這樣是最好的對待方式，並且以此爲傲、爲滿足，這就是代表眷戀、迷戀、沉浸的「住」；以此爲滿足而不去找另一面的負面影響，一味恣意的放任，就好像你把一顆漂亮的蘋果放在桌上，只是觀賞而不食用，過了一定的保鮮期，蘋果開始從內部腐壞，剛開始從外觀完全看不出來，一心以爲它仍然完美如初，等到外皮開始出現斑點，一切開才發現內部全部發黑腐爛，那時就要悔不當初了。

教育子女、戀人相愛、事業經營、健康管理都是相同的意思，而業力在整件事的過程中，扮演催化的作用，等到後知後覺發現一切都不如預期時，業力催化後的業報就開始運作了。事實上業力是否可以預防？從理論上來說是可以的，只是看你選擇未雨綢繆或亡羊補牢的步驟而已。

道派中的全眞教第二代教主馬鈺對於「業力」一事，在他的語錄中也寫著如上相似的敘述：

「一切男女從無始以來，爲有種種恩愛貪慾，不出輪迴。性因愛而生，命因慾而有，皆因愛慾而起順逆，生嫉妒，從此輪迴綿綿不斷。法言：欲淨其土，當淨其心；若心清靜，輪迴自息。」

這段話的意思是說，每一個人的內心因爲受著欲望的牽繫，對愛的人思念、對恨的人心懷報復、對自我的人生惋惜、內心藏有許多的情緒、想法，所以一再地輪迴回到人間，想要完成這些未完成的事。

站在修行者的立場，他們認爲輪迴人間受業力的報應是一種苦，因此後面才說：欲淨其土，當淨其心；若心清靜，輪迴自息。意思是說要想止息這種苦，唯有透過修行，磨練自己的意志，讓心中諸多的想法不再紛飛四起，心安靜了無牽無掛，輪迴的苦、業力的苦自然不再出現。

現代人的苦是受到多元化社會的影響，遠比古時候的人要苦很多。舊時農民擔心收成不好，貴族擔心造反、富人擔心打仗，至於其他的親情、愛情，則是千古皆同。反觀現代的人，物質的誘惑比過去多更多，過去的人只求塡飽肚子，現代的人卻追求享受生活，層次大幅提升，相對而言，現代人過的的確比古代人要不快樂許多，按古人的說法就會解釋爲業力的折磨比過去封建時代更重，甚至現代許多的法師仍然站在修行的基礎，要每個人放下名利、欲望、感情去修行。道理也許沒錯，但他們忽略了時空背景已經不復當年，很多的道理儘管固若金湯不容改變，但運行的形式還是要切合現代的背景，才不致食古不化。

試問每個現代人，有幾個人明白了修行與跳脫輪迴的道理之後，還能夠心悅誠服的放下卡債、房貸、父母、婚姻、子女、自我成就而隱遁山林不食人間煙火？

修行者認爲物質、欲望是擾亂人心墜入輪迴的元兇，人人渴望來世成佛、羽化登仙，因此他們反物質反欲望，只求個人獨善其身。

但是站在人類社會進化論來看，物質欲望何罪之有？沒有物質欲望，這個社會就會退回原始時代，舉例來說，叫人放下一切功名利祿無欲無爲，那麼美麗的廟宇、宏偉的寶塔要叫誰來出資建蓋？過去的修行者講究含辱忍垢樸素清修，現在的修行者身穿華服出入名車，昂貴的食材做成美味素食，自己穿金戴銀卻叫眾生放下物質享受，修行之法被濫用至極，成爲誆愚眾生的工具，可嘆的是不明就裡的眾生仍然點頭稱是盲從不逾。

古時候的修行者是因爲現實客觀環境，無法得到物質（身）欲望（心）的滿足，於是放棄追求而轉向修行求道（靈）。現代人則不同，大環境使然，你可以運用自己的勞力、智力獲取你想要的物質欲望，當這些條件都滿足之後，再運用這些條件回歸心靈。這並不是本末倒置的作法，而是適合現代人由物欲出發回返心靈淨土的另一條金光大道，身心靈的追求並沒有被改變，只是順序改變了，最後仍然殊途同歸，甚至效果更見恢弘。

物欲本身無罪，只有不當運用物欲才會產生罪愆，例如運用財力、權力施害他人、驕奢淫逸，那就是運用財力製造業力；相反的，適當的運用財物施濟他人，財富變成製造功德的工具，功德轉化爲各種福報爲人所享，如此的周而復始又何來業力之說？

有位上海朋友閒聊時提到，他小時候有位住台灣的阿姨，號稱是位修行居士略諳命理，看了他的長相之後，大大鼓勵他出家修行，還跟他說他最後仍然要走這條路，與其晚走不如早走。

上海朋友算是富二代、官二代一類，又是家中唯一的獨子，他的父母親聽到這樣的說法，心臟差點沒跳出來，十多年來他的媽媽一直很擔心他把阿姨的話放在心裡，哪一天脖子歪了轉不過來眞的跑去當和尚。

他說他的台灣阿姨小時候家境富裕，在民國四、五十年代，這位阿姨也是一位叛逆的潮女，戴墨鏡飆哈雷天不怕地不怕，簡直是被父母寵壞的富家惡女。從他言語中多少聽得出他對台灣阿姨的崇拜，對於鼓勵他出家一事他能記憶至今，表示他不但信服阿姨，對修行成佛成仙一事多少也帶有想像。

我靜靜的聽他把話說完，接著問他台灣阿姨是何時開始信奉宗教的，他想了想說從阿姨離婚之後。接著我又問他，阿姨離婚後開始修行至今少說也三十多年了，現在的狀況又如何？他想了想精神為之一振的說：「她欠了一屁股債現在跑去秘魯當義工，上週還打電話回來，勸我考慮一下她的話。」

「她自己都負債跑路了，為什麼還要你去出家？」

「她說這一切都是業力，她現在樂於接受，心裡很平靜！」

有時想想，佛陀和基督很可憐，只因為他們說了原罪與業力，因此，教徒請託基督把自己的原罪揹上十字架，信徒把業力交給佛陀，自己快活了卻讓佛陀承擔眾生的業力，人們就是站在這種自我的立場，不思己過卻一味要旁人收拾爛攤子，自己再去造新的業力，如此周而復始，這才是業力爲何不可破的主因。

拜神消業力或是念經消業力，最大的力量還是來自**「你願意懺悔？你願意誠心的與業力協商？」**如果伏拜的瞬間，腦海裡想的是：「總算有人替我扛了！」那麼，無論你燒多少紙錢、磕多少頭也是枉然。不要以爲你心裡所想神鬼不知，鬼神也許聽不懂你說國語或台語，你內在意念所發出來的善惡想法，他們還是非常明白清楚的。

有一次帶一位事業失敗的朋友去請神化業力，擲筊許多次都沒有獲得神明的應允，恍然間似乎聽見有人在我耳邊說：「他的話是臭的！」朋友一直問我爲何神不幫他化業力，我則一直在思考爲什麼「話」是有味道的。後來，我要朋友持香三步一跪，跪到神明面前請求幫助，朋友這時說，他是花錢買紙錢來求神的，爲什麼他還要跪進去？

那時終於恍然大悟，「話」不見得有味道，而是「話」展現你的心意，當心意被「話」投射出來時，神明就很容易嗅到你的心意是臭的或是香的。

大法師的金手指

業力最可怕的地方並不在於它多嚴重，而是在於你無法確知業力何時出現？用什麼形式出現？被業力「加害」或「懲罰」的時間會有多久？

有一次遇到一位要求見面的讀者朋友，他先是寄了一封信給我，信中說這幾年中，他的事業兵敗如山倒，本來是住兩百坪的房子，現在不僅房子被法拍，一家人還擠在三十坪不到的房子內居住，最重要的是他家裡原本有兩三百尊的神像，現在因爲空間不夠，很多神像只好到處送人，最後只留下二、三十尊在家裡供奉，他不明白他拜得這麼虔誠，爲什麼最後還是落得前功盡棄。

與他見面時，他第一句話就是說，他這幾年被業力害到沒地方躲，他曾經在山裡遇到一位得道高僧，高僧指示他：業力無情加害，唯有遁入空門才能遠離業力催索。

但他說他過去幾年一片輝煌，要他認眞放下他不是做不到，只是他眞的去躲避業力了，一家老小該怎麼辦？他的債務該怎麼辦？他現在不是沒機會，只是沒有能力擁有機會，半夜夢醒他還是會不甘心。

他說話很急促，面對一個陌生人，他似乎有著滿腹委屈想要一吐爲快。老實說，我見過很多像他這樣的人，當忙得焦頭爛額方寸大亂時，總是會不知所云的說一大堆囈語，就像失足落海的人，慌亂的揮舞手腳，一心只想找到可以攀附的浮木。我自己也曾經歷過這樣的時期，只會一味叨叨絮絮不知所云，對於他人所說的話，卻一句也沒聽進去。在那最慌亂的時刻，一心只希望面前能忽然出現一位大法師，他用他的金手指一點，眼前立刻出現一座座任我予取予求的金山寶庫，讓我的煩惱和問題可以在轉瞬間全部化爲烏有，除此之外，任何人生大道理一句也聽不見。

我經歷過那段筋脈盡斷武功全廢的日子，所以分外可以理解眼前這位即將邁入老年的失意者，此刻內心是如何的翻騰。而他滿口的話語中則不斷重複著他如何又如何的被業力迫害，最嚴重的失敗關鍵是他在一次股票投資中，傾盡家產想要一夕致富，沒想到判斷錯誤賠了夫人又折兵，讓他從天堂直墜地獄。他的太太坐在一旁，悶了好久後聽到先生講到股票，也忍不住的想要插話，但才一開口就被先生用「妳住嘴，女人家懂什麼？」的粗暴口氣遏阻，而他則繼續訴說他的被迫害史。

我聽著他叨唸了將近一小時，中間我曾有幾次試著打斷他的話，但是他依然毫無感覺，直到我說：「你現在可以用你自己的功德，將你的財富轉換回來。」這時他眼睛爲之一亮，終於閉上嘴巴，對他而言，此刻的我已經變身爲擁有金手指的大法師，他眼巴巴的等著我幫他點石成金。

功德的確可以轉換福報，但是必須靠自己的心念去轉換，而不是幻想依靠他人的金手指！沒有把自己功敗垂成的理由想清楚、沒有在找到失敗原因後，毅然認錯、懺悔、改過，即使給予再多的機會，也只是造成周而復始不斷輪迴的厄運而已。

像很多人一樣，在失敗、失意時，最後都是以「業力加害」做爲最終的藉口。就像打麻將輸錢的人，爲了給自己台階下，總是會說：「今天本來不想打的」、「昨晚沒睡好」等等理由，自己掩耳盜鈴，其他的三個人心裡卻在竊笑，分明就是運背又技不如人。

人們在犯錯時，總是會找許多理由讓自己好過或是維持基本的顏面，然而若不知反思己過，久而久之就會一而再的失敗，也再而三的原諒自己。

「業力加害」一詞，對業力來說是很不公平的！如果把業力擬人化，比喻為你的債權人，你欠他一筆帳、一段情、一條命等等，然後你浪跡天涯讓他找不到，等到他好不容易找上門時，新仇舊恨母債子息還不都一起算？欠債還債本來就是天經地義的事情，除非你不還，否則還是可以協商一次還或是分批還，只要債權人（業力）同意，他不再來危及你的任何福報，你就有東山再起的機會。假如處理得好，與業力化敵為友，他為了讓你能及早還他債，甚至還會幫忙找路子助你一臂之力。

陰陽兩界的事情其實和人間沒什麼不同，債權人和債務人之間的協商需要有一個中立的權力單位，確保雙方利益不受變動；個人和業力之間也需要一個仲介角色，那就是廟宇中高坐明堂的神明，由祂來見證雙方的履約承諾。神明並不是因果業力的干預者或是破壞者，祂以祂受人供奉的香火，擔保兩造間力求圓滿雙贏，以達陰陽兩利天地合德，這也是前本著作《好神引導，一拜見效》撰寫的主要目的，唯有透過你的引導神的幫助，才能將你的功德、福報、業力做有效的調整。

因此，業力不是吃飽了沒事幹來找碴的，它跟你之間肯定是有一個過不去的鴻溝，所以才千山萬水從前世追殺到今生，其實只是為了一口氣沒嚥下，把該還的請引導神作主還給他，這口氣舒爽了，他就會心滿意足的去找其他的債務人或是去等待輪迴。

對於將業力視為加害者的人，如果無法及時轉換這個觀念，心念間所想的若只是：「真倒楣，我前世做了什麼我怎麼會知道？莫名其妙要我去花這些錢……算了，花錢消災！」抱著這樣的想法心不甘情不願的去做，猶如把欠款扔在地上，要業力自己彎腰去撿，業力當然會去撿，但是撿到後他也會抬頭用白眼詛咒你：「壞傢伙！你下次最好別再栽在我手裡！」他拿到他的欠款後，說不定轉身再去奔告其他的業力債權人，說某某人在這裡，你們快去找他要債。

有位開公司的朋友因爲資金週轉不靈，不得不跟地下錢莊借錢，後來還不出錢，揹著LV包的錢莊小弟找上門，面對他們兇神惡煞的模樣，朋友不畏不懼的奉他們爲上賓，並且一再耐心的告訴他們他目前經營上的困難，要他們待在公司裡，只要會計那裡有錢匯進來，他立刻雙手奉上。

時間久了，他和錢莊小弟產生了一種尷尬的友情關係，有一天錢莊小弟拿了一份債務人名單來，要借他公司的電腦做表格，但是，初中沒畢業的小弟面對電腦等同於面對炸彈，慌亂的不知所措。朋友自告奮勇用Excel幫他們做表格，還教他們使用，以後再也不需要計算機按老半天，Excel會自動計算清楚。小弟們看見電腦這麼神奇簡直驚爲天人，此後大家建立良好關係。有一天，小弟偷偷摸摸的跑來跟他說，他用Excel幫朋友把利息降了一大半，他要朋友快去找銀行貸款，趕快把錢莊老闆的錢還了，不要再被利息壓得喘不過氣來。

人與人之間有時候並不是建立在成功與失敗的利益關係上，而是建立在結善緣或是結惡緣，而心念的轉變，有時會把良緣轉變爲惡緣、或把惡緣轉變爲良緣。人與業力之間也是相同的道理，你如果用的是誠心的償還而不是用被加害、被迫害的想法來處理你與業力間的關係，那麼絕大部分都是可以化干戈爲玉帛，彼此締結良緣，而神明居介其中，協調彼此雙方圓滿互惠，這才是神明最大的功德。

東方的命理學、西方的星座學，研究的最後目的總是以判斷個人何時興旺、何時倒楣爲目的。從宗教的角度來說，一個人運勢興旺稱爲「享受福報」，走倒楣運時稱爲「業力催索」，但是一般人對命理的興趣遠遠不及證券公司裡的股盤走勢，因此，必須藉助命理師的命盤推測吉凶禍福的時間點。推測準確的命理師固然可以算出吉凶禍福的時間點，可見得人們是多麼害怕剽悍的業力找上門，帶來不可思議的懲罰。

如果說輪迴是時間的序列，硬要找出輪迴與時間的區別，或者可以這麼認爲：時間只是一個過程的標記，而輪迴則是時間裡的內容，從今天到明天、從前世到今生是時間；今天吃完晚飯後，凌晨突然鬧肚子折騰了一晚上，這是在今天到明天這個時段裡所發生的因果關係，吃壞東西是「因」，拉肚子是「果」。若把時間的距離拉大，前世兩個人是夫妻關係，後來丈夫拋棄糟糠妻，今世妻子給丈夫戴綠帽，拋妻棄子是因，今世妻子的背叛是果，如果被背叛的丈夫沒有反思己過，只是一味的指責妻子不忠，抱著這份恨意再隨著時間輪迴進入來世，彼此間沒有一方企求圓滿的落幕，只是不斷的以牙還牙，那麼輪迴的因果戲碼就會不斷上演。

換個角度來想，因果關係或是業力關係，就好比氣球的兩端，當你手握住氣球時，總是會有一方氣鼓、一方氣弱，把握著的氣球力道拿捏好，使兩端平均受力，那麼氣就平衡了。業力關係也是相同的道理，總是因爲有一方氣鼓，而致使擠壓到另一方。因此，業力說並不是鬼神論述，說穿了，就是平衡陰陽的對等能量。

人會倒楣、會遭業力催索，並不是鬼神從中作梗，用科學的精神來說，就是能量不平衡所致。如果把一個人比喻爲一隻手機，手機需要能源才能發射通訊，續電量飽滿，可視爲一個人身體健康精神飽滿，這時你愛打給誰就打給誰，隨你暢行無阻。但是電力耗盡時，你就無法繼續通訊，必須將手機充電，等電飽滿了就可以繼續講到飽。人身體的能量也是相同的，運強時身體能量飽滿，不怕業力催索，因爲此時的業力能量（電量）薄弱，但當你運勢（電力）耗弱時，此時的業力能量便相對增強，它就可以進來干擾你的陽體力量。因此按照這個道理來說，只要時時保持自己的能量不墜，就能避免業力來襲時不支倒地。

至於業力又是何時來呢？現代的科學不管再怎麼先進也很難百分百準確的預測颱風、龍捲風來襲的正確時間，況且每個人的命運軌跡又不盡相同，除非根據個人的八字去做推論分析，否則也只能採取大數法則，大約的估量一般正常狀態下業力來襲的時間。

在中醫的理論中認爲，男人逢八則變，女人逢七則變，意思是說，男人的體質成長是八歲、十六歲、廿四歲；女人的體質成長則是七歲、十四歲、廿一歲。而業力的平均出現時間爲十五，例如一個人十五歲、三十歲、四十五歲、六十歲等的年紀，都很容易遇到業力出現。

十五這個數字又是怎麼來的？這是天地人各一百二十年的變化而來。天道、地道、人道總共三百六十年，天道、地道共兩百四十年，兩者相除得十五，因此從中可以計算出業力在人道一百二十年間出現的時間點。

但要注意的是，業力出現的第一年並不是立刻把你搞得雞飛狗跳，它會先有一段你察覺不出來的醞釀期。古人說：「欲令其亡，先令其狂」，業力出現時會先讓一個人驕矜、自恃、傲慢、自滿、虛誇，讓你覺得自己是世上唯一的偉人，抱著傲慢的心做著錯誤的決定，等到兩三年後才發現走錯路，這時又要花三年的時間開始彌補錯誤，挖東牆補西牆，就是不甘願前功盡棄。做了諸多的努力最後又發現一無所獲，時間一路走來起碼耗費掉六年的時間，這時的你也將近三十六至三十八歲的年紀，被所謂的業力干擾到幾乎舉白旗投降，此時的業力多展現於事業、錢財的耗弱上，在這一階段，有的人仍在做困獸之鬥、有的人開始思考人生，轉戰宗教希望透過念經打坐換取奇蹟。

四十五歲的業力階段由於已近中年，相形之下，力圖振作的力道受限於體力，因此也相對辛苦。而此時的業力大多來自於身體的病痛，例如癌症、腫瘤、慢性病、家族遺傳病等等漸漸浮出檯面。

以上所說大約是一般性的業力出現時間，但因每個人的業力、體質不同，有的人在出生或少年時就出現業力干擾。例如，一位女性朋友生下一對雙胞胎，其中一位健康可愛，另一位則出現水腦症，由於發現較晚，擠壓到視覺神經，醫生說這是罕見疾病，小孩的視力將會逐漸萎縮，到長大成人可能是全盲或是極弱視；或是有些年輕人喝酒摔車，造成終身癱瘓。

通常這種讓人始料未及的狀況都是讓人很棘手的業力問題，因此也無法歸納至業力發生的平均時間，只能說平時多燒香多積德，即使危機臨頭也能出現貴人，將厄運化險爲夷了。

功德轉業力

陰陽平衡如果是宇宙的機制準則，因果關係又是陰陽平衡的作用力，那麼千百年來所謂的念經消因果，在某些說法上就不禁令人懷疑了。教徒人人口耳相傳深信不疑的：「持誦經典可消累世因果業力」，仔細琢磨起來似乎欠缺公平性，也違反了陰陽平衡原則。

舉例來說，靈魂是不滅的物質，不斷的因爲七情六欲而輪迴，那麼假設它在這個人世間已經輪迴十次，每一次輪迴所遭遇的問題都不盡相同，如此累積了十次的輪迴業力，來到現在的第十一次，試問一次的輪迴轉世如何面對前面十次的輪迴業力？

也就是說，假設前面十次的輪迴，每一次都欠他人一千萬，十次就是一億，十次輪迴的負債要在這一次的輪迴一次還清，這對宇宙公平法則來說是有欠公允的。但宗教的說法卻對這一個部分隱諱不提，假如持咒念經可以消化業力是存在的，那麼以有生之年所念的經咒，能消多少業力？眞的是累世累劫？如果眞的可消累世累劫，那麼爲何不見任何一個事業失敗、家庭破裂的人，在做完這些事獲得任何殊勝的具體改變？例如家人重拾往日溫暖、事業重回軌道？

天地循環是按照春夏秋冬四季循環不已，按照這個道理來看，每一件事情的變化都有一定的過程，把這個程序放在業力的循環來看，比較合乎公平原則的因果關係，應該是一世對一世，而不是一世對多世。如果以西元二〇一二年出生的小孩來看，按照天地循環的道理，那麼就應該對應到一七七二年的那一次輪迴，以當時的人，平均六十歲來計算，這個人應該是生於一六五二年，從一六六七年是第一個十五歲開始，是第一個業力時間點，那一次的輪迴中他所做的任何事所產生的任何因果，都在二〇一二年他出生後開始計算。

以這樣的方式來看待業力似乎就比較合乎「一報還一報」，也就是

「一世還一世」的公平性，否則單是累世業力的折磨，豈不叫人吃不完兜著走？然而長久以來，難道都沒人去思考業力因果關係的公平性？芸芸眾生參禪習佛尋仙修眞者，多如過江之鯽，領悟到宇宙公平原則的人必定也羅列其中，但是他們說不說這個道理我不知道，反正我是說了，給每一個依樣畫葫蘆的人另一條可供思考的途徑。

曾有一位罹患不明肺水腫的母親，在兒子極力奔走之下，到處尋訪名醫治療，也跑遍諸多廟宇請求庇佑，但是說來說去都說他家祖先牌位有問題，於是有的要他更換祖先牌位，有的要他請神鎮坐，耗費的時間、物力長達數年，而母親的身體依舊時好時壞。後來，我建議他不妨先從母親的個人業力開始辨起，逐漸看到母親健康開始好轉，此時，他又從某宮廟乩童的口中得知他母親的病是受外靈干擾影響，外靈陰邪進入他家祖先牌位，而使得他的母親一再發病……

這件事乍聽之下頗爲駭人，但是仔細分析，卻有幾點疑慮無法自圓其說：

1、外靈是何許人？何時進入的？

2、外靈如果是屬於業力的一種，會直接干擾她的母親，而不是先干擾祖先牌位再干擾母親。

3、如果乩童所說成立，那麼究竟是外靈干擾祖先，母親成了間接受害者，祖先向子孫發出求救訊息？還是外靈挾持祖先牌位施害母親？

4、祖先也是屬於靈界的一股能量，爲何不敵外靈干擾？平常子孫請求祖先保佑的話，不就變成子虛烏有？

以上諸多疑惑如果要仔細推敲還可以不斷衍生，但這裡要強調的是，「業力」一詞雖然可以被濫用，但如果要審慎辯思時，仍必須以陰陽能量平衡爲依據，如此一來就不容易人云亦云爲人所欺蒙。現代人的教育水準普遍提升，在寧可信其有的前提下，應該運用自己的邏輯能力，仔細推敲所陳述的事實是否合乎邏輯性，但也不用刻意去驗證神祕性是否存在，有些人會用做夢來認定事實的眞實性，但即使做夢，夢中的一切在醒來後也應該逐一的檢視，而不是沾沾自喜有神入夢來。

有位自視甚高的知識份子，長久以來不信鬼神，有一陣子股票投資失利，於是開始學人拜神求運，但拜了許久始終不見好轉，有一天晚上他夢見了一尊男神入夢，告訴他說：「我是你的財神！你的名字不好，要改爲鍾逸才會有好運，切記！切記！」他醒過來後自覺財神來報喜，還指示迷津要他改名「鍾逸」，原來一切厄運的始作俑者是他的名字，「鍾逸」諧音「中意」，看來眞是財神報喜。

他喜孜孜的來跟我說這件事，我核算了一下他名字的陰陽五行結構，發現財神給他的是又沖剋又破害的名字，於是趕緊要他踩煞車三思一下，依我來看哪有神對名字五行的功力這麼菜的，分明是衰神來報到怎可能是財神？

但朋友可不這麼想，他倒是覺得夢中一切歷歷如繪，他從沒做過這麼清晰的夢！一個下午的時間，他的身份證已經改好了，拿著新出爐的身份證，他期待下一個嶄新未來，這時候如果在人家的高潮上灑狗血，那就是我不對了，只能祝福他一切越來越美好。然而，一年多來他歷經了資遣、待業至今，他夢中的財神卻從此銷聲匿跡不聞不問。

發夢的原因有很多種，做到美夢固然值得讓人期待，但夢如海市蜃樓又如鏡花水月，在無法判斷夢境是眞是假的情況下，與其揣摩虛無，不如踏實行事靜觀做人。很多事都有對立面，佛的另一面是魔，善的另一面是惡，好夢的另一面是惡夢，財神的另一面是衰神，福報的另一面是業障。由此來看，夢無好壞，就當它是「竹影掃地塵不起，月穿潭底水無痕」

吧！或許把夢當成空中樓閣的理解，反而不易陷入夢的得失心中。

一件事物的相對面並不是截然獨立的，以業力來說，業力是在同一個空間中「功德」與「失德」的總集，功德可以轉化福報，失德會惹來業障，因此，功德與失德是一體兩面並存於世，而不是彼此矗立遙相對望。

依此道理就可以去推測，一個人在消化業障的同時，應該也會有功德事件隨侍一旁，只是經典教義從不提如果功德轉福報一事，卻一味倡導念經消業力，這在因果業力的天平兩端就容易失去平衡比重。**因果業力兩造之間是用「轉化」，而不是用「消滅」為手段。「轉化」是能量轉移，是心念想要彼此圓滿的轉移；而「消滅」則是把業力當成假想敵，以不是你死就是我亡為目的**。高明如佛，從沒告訴過你祂有辦法消滅業力，頂多是做到「轉化」業力，既然如此，試圖走捷徑想要一步登天的我們，何不試著用自己的懺悔、誠心、功德，請神尊慈悲轉化我們個人的業力，以達成你好我好大家都好，冥陽兩利的圓滿境界？

第二章

阻礙運勢的業力有哪些

- 家族業力的累積
- 個人業力的糾結
- 誤闖禁地的外陰業力

業力，含括範圍很廣，可以從因果來說，也可以從輪迴來說；可以從前世說起，也可以從現在說起。它是一切吉凶禍福的總源頭，但人性對業力的區別通常是這樣的：一帆風順得意洋洋時，人們總是會說，那是憑著他的機智、能力、才華所得來的；一旦阻礙重重事與願違，就開始怨天尤人的怪東怪西怪鄰居，如果他又被告知這是因果業力作祟，便更可冠冕堂皇的給自己一個失敗的理由：不是我不行，我是被害的！

從宗教輪迴學的角度來說，修成正果是佛教和道教最終的目的，因此，強調不斷念經念佛甚至遠遁深山逃離紅塵。但是，如果把宗教的外衣退去，如果我並不想修成正果，或者我希望在圓滿了現下該盡的責任和義務之後，再進入修行的境界，目標不變只是順序不同，那麼宗教的修行法門是否能夠先讓我滿足了欲望？或是當面對業力時，不需要放下一切欲望逃離紅塵，而我仍然能夠在雙管齊下的方式下，既能夠人間修行，又能圓滿轉化業力，達到眞正的身、心、靈清靜？

宗教法門似乎很難在墨守成規中，另外再為眾生開闢另一條方便法門。原因很簡單，因為數千年來，祖師們就是這樣傳授的，沒有人敢「拂逆」前人所說的金科玉律，更遑論有人敢在經典中找出矛盾之處勇於提出疑義；另外一方面，人們疏懶於繼續精研經典對現代人的適用性，只是囫圇吞棗的按圖索驥。

事實上，過去和現代的時空背景已經相差很多，很多古時候的用法在現代人生存的時空中，已經完全無法使用。例如：佛門早課要念阿彌陀佛經、觀音普門品、十小咒等等，一個早課做下來少說也要三個小時，還有，要消業力要念十萬遍某某咒，或是早晚各一遍地藏經，朋友中很多人從事業務工作，大部分的人都是一天念一部地藏經，但是長久下來，效果尚未浮現，又不見得每天都有時間念經，哪一天如果想偷懶或是無暇念經，心中便會充滿罪惡感，甚至擔心會因此受到懲罰。如此長久下來，念經逐漸變成心裡一股說不出的壓力，而他自己所面對的問題又始終不見改善，最後弄得騎虎難下，不知道該繼續還是該停歇。

另一個問題是：一輩子、一張嘴、一本經，究竟要念到甚麼時候才能把「累世累劫」的冤親債主度化完全？人們想要透過經典處理眼下的各種問題和難關，最後卻耗上一輩子的時間與業力廝磨，卻又不知到底業力是否放了你一馬。這種曠日廢時的工程，將人們原本期望的結果，透過長時間的發酵，轉化爲另一種對世事炎涼的看待。就像一個生病的人去看病，不論什麼病症，醫生一律都給肌肉鬆弛劑，剛開始病人還會期待身體有一天能恢復健康，但過了幾年習慣肌肉鬆弛劑之後，人們也接受了與身上的疾病共存，並且認爲會生病是注定的，能這樣活著已經是很感恩了！

習慣是一件很可怕的事情，它就像慢性病一樣，一點一滴吞噬每一個人的身體、意志，於是，匆匆數年人間一瞥，再回頭已經是滄海難爲水了。

以前工作時，有位很照顧我的主管，當年的她美艷非凡，身材高挑玲瓏有致，說話有條不紊處事又明快，在當時來說，是一位貨眞價實的女強人。雖然她是我老闆，但她喜歡我們叫她康姊，有一次陪康姐外出應酬，當時她喝了兩瓶花雕，等客人酒足飯飽離席後，她略帶醉意的跟我說：「一個人不管做什麼事，都要有自信，世間上沒有做不到的事情！但是，一個人也不能沒有志氣，就算窮死餓死也不能爲五斗米折腰……」

這是她當時的人生處世哲學，對我來說，她就像一尊光明女神，我在她身上學習了很多的道理，不管後來人事幾經轉折，她當時的這些話始終在我心裡深植。

後來有十多年的時間，她歷經離婚、離台，陪兒子到大陸就學，從此我們就斷了音訊，直到有一次返台在報上看見了她的名字，腦中想起以前的往事，於是從朋友那裡終於要到她在大陸的電話。回上海後興沖沖的與她約見，將近二十年不見的友人現在不知變成什麼模樣？見面那天我端詳了她許久，身材依舊氣質沒變，只是臉上多了難掩倦容，詳談之下才知道來大陸這十多年，她一方面陪兒子讀書，一方面四處打工賺錢，兒子現在研究所畢業了，但她也積勞成疾把身體拖垮了，三天兩頭就是感冒、發燒，免疫系統似乎極爲脆弱，以前那個女強人的模樣，似乎在餐敘中逐漸遙遠模糊。

她說有一年的冬天，上海的溫度驟降到零下一度，她一個人在暖房裡發著高燒，腹部疼痛難耐，恍惚中她知道她的卵巢瘤隨時會有爆發奪去她生命的現象。但她整個人感覺輕飄飄的，她覺得她快死了，但她卻又很不甘願就這麼走掉，她還想見她兒子一面，她還想等兒子成家立業，她才甘心魂歸黃泉。但這一刻她似乎無法撐起自己的身子，也無法集中意志，似夢似醒中，她彷彿聽見身邊有著窸窸窣窣的人聲，她努力的讓自己清醒，好不容易才聽出是兒子的聲音，可又不確定是不是兒子，兒子在蘇州唸書，這時候根本不可能回家，不過她也不確定現在是什麼時候了，或許只是幾分鐘的時間，或許已經這樣過了好幾天……總之她這時幾乎可以確定是兒子回到她身邊！

她精神爲之一振，她想起身讓兒子看她健康如昔的樣子，但身體似乎被一股無形的力量壓著，壓得她幾乎魂飛魄散，根本沒有多餘的體力可以起身。不過母性的堅強促使她即使剩最後一口氣，她也要看兒子最後一眼！她心裡暗泣著，並不斷地向她的菩薩禱告，讓她看一眼兒子再死吧！這時她忽然鵠立起身，一股力量從背部推著她將她推向屋頂！她驚魂甫定後，才發現自己的身體飄浮在天花板上，從天花板上她清楚的看見自己的身體躺在床上，兒子眞的坐在她身旁，啜泣的對著她的身體說：「媽，妳不能就這麼走了，媽，妳要起來，我還沒畢業，妳不能這麼就走了……」

當下她爲之震驚，她意識到她的靈魂已經離開她的軀體，她眞的要死了，她不知道誰把她的靈魂推出來，但是，她想回到她的肉體內，兒子聲聲呼喚讓她心碎不已，她慌亂的想回到身體內，然而她就像一股氣團，沒有重量沒法自主，說不定一陣風吹過來，她的靈魂體就會被吹向窗外飛向無垠穹蒼。

她想開口叫兒子，想對兒子說她在這兒，但是她無能爲力，就像一團被捏著的棉花，只要對方一放手她就會立刻煙消雲散。這時，她無比哀痛的向菩薩祈求，只要能讓她回去她的身體裡，要她做任何事她都願意！

剎時間，她這團棉花被放開了，身體就像一具超強的吸塵器，不由分說的把她的靈魂吸入體內。這時一陣尿意讓她甦醒過來，她睜開眼睛終於看見床側淚涔涔的兒子，她問兒子她昏迷了多久，兒子搖搖頭說不知道，只知道幾天前他回家看見媽媽躺在床上昏迷不醒，週日過去了他不敢回蘇州上學，又守著媽媽三天。這時康姊從記憶中思索著她送兒子去搭車、回家餵狗吃飯後，覺得有點睏就躺了下去，此後其他的記憶一片空白，正要唏噓嘆氣時，她感覺被褥內一陣濕稠，掀開被單她的褲子竟是一片濡濕的血水。

他鄉異地初逢乍見，她忙不迭的跟我訴說幾度性命交關的事情，雖然最後都力挺過來，但是身心早已千瘡百孔，不到六十的她，言語間卻像是歷經幾世輪迴的滄桑者般。

我問她怎麼不去看醫生把身體治好？她說這幾年她也是遍訪名醫，但始終不見成效，每當舊疾復發時，兒子在外求學，她一人獨居家中，每每夜深人靜時，想到自己的身體被這般摧殘，她眞想縱樓而下了此殘生。

經她一說，「久病厭世」一詞浮上腦海，我趕緊遏止她不要有這種悲觀的想法，過去有一位女作家也是因爲久病不癒精神恍惚，最後被發現在病房浴室內上吊自盡，她和這位女作家甚熟，告別式時她還有去參加，性情中人的她當時還一把鼻涕一把淚的爲她大嘆不值。不過十來年過去，她竟也想步女作家後塵隨之而去，我立刻提醒她，當年她不是嘆泣女作家選擇了一個最不智的方式結束生命，怎麼現今她也想如此不智？

後來，她終於哭著跟我說，她知道自己不是生病了，而是受到業力摧殘，幾度夢中業力化爲厲鬼催命，讓她夢中驚醒一身冷汗，而她也知道業力不可破，所以，她才會想等他兒子結婚成家立業後，她就自盡了結一命抵一命。

聽她這麼迂腐的說著業力的宿命論，我暗自慶幸起碼她接受了業力說，但鑑於前人的說法，使得她也覺得業力可怕無法可破，於是，我又巴拉巴拉的把功德轉業力說，重新幫她調校一次，起初她還覺得荒謬無稽，她說她這幾年每天打坐、拜佛、念經，這麼認眞的迴向業力都還壯志未酬，單是簡單的燒紙錢拜神就可以化業力？聽起來眞教人無法置信。

我鼓勵的說，試一次看看吧，死馬當活馬醫，說不定等她當奶奶了她還不想死。就這樣，我半哄半騙的要她跟著我走廟，剛開始帶她時非常辛苦，天氣冷時她說她沒體力出門，天氣熱時她說外面一堆傳染病，她怕被傳染；身體好點時她覺得現在狀況不錯，晚一點再說；身體弱時，她會說，本來想跟我去廟裡的，但是現在臥病在床，等她身體好再去……她永遠有許多的理由阻止自己去嘗試，而不管她說多少理由，我也總是由著她說，因為對我來說，這些都是「業力拉扯」，有很多人都像她這樣被業力拉扯著，身不由己的說著各種無厘頭的藉口，而她自己卻不自知。

許多年前，一位大姊的先生，因為跟外面的女朋友吵架，情急之下，那名女友手持水果刀不慎割傷大姊先生的大動脈，一時血流如注差點命喪黃泉。

大姊那時一心禮佛，對於丈夫的外遇，始終抱著是夫妻業力的宿命，因此，即便知道丈夫與外人有染，她也抱著睜隻眼閉隻眼的態度，一心只想憑藉佛心償還業力。

消息傳來丈夫被女友刺傷後，大姊念在夫妻之情，也趕往醫院要見丈夫最後一面，丈夫那時已經一臉蠟白形同死灰，大姊默默的在身旁開始幫丈夫助唸，祈求丈夫魂歸淨土。大約唸了近一小時，丈夫突然從哀嘆中醒來，嚇煞身旁眾人，大姊則是滿心歡喜，以爲菩薩顯靈救丈夫一命。

數天後，丈夫心神回復，才開始訴說他的生死奇遇，他說那時他彷佛一個人處在四周靜謐幽暗的地方，他心裡很害怕又求助無門，這時，他耳中隱隱聽見有人念經的聲音，旋即，一道光芒從空投射而下罩在他身上，這時大姊趕忙補充說，那是佛光要來接引他的，丈夫翻著白眼說，當時他心慌意亂，哪知道那道光是什麼東西！於是，他害怕的四處逃逸，這時光束攝住他，準備將他往上提，而此時，他隱約發現有一團力量好像數百隻手一樣，抓著他的腳要把他扯下來，一頭把他往上吸，另一頭卻死命要把他拽下來，他感覺身體就像要被撕裂一樣，此時，大姊又註解的說：「唉！那是業力拉扯啊！」

丈夫這時不置可否的又說了，正當感覺快被五馬分屍時，他看見了他過世的爺爺，他立刻大喊爺爺救命！地面上的爺爺抬頭一看是自己的孫子，便說：「死小子，你爬這麼高做啥？還不給我下來！」

說時遲那時快，爺爺話才說完，他便「咚」的一聲落地，才著地，佛光、業力戛然而止，爺爺也不見了，而他悠悠轉醒死裡逃生。

他說完後，大姊靜默不發一語，她自己也迷惘了，她本以為這次丈夫死劫難逃，才發聲求佛，這事固然印證她求佛有得，但是最後讓丈夫去而復返的，卻是死去爺爺的一句話，讓佛光與業力頓時消失，這又是怎麼一回事？她想了許久始終想不明白。

過了多年，有一次和大姊的丈夫閒聊時，他又說起了這件事，談及他的爺爺生前是個老好人，一輩子當里長盡忠職守，半夜里民有事，他也是披星戴月的義不容辭，因此贏得里民的尊重，過世時單是弔唁的花圈就排得宛如長龍。

那時，我才明白，原來是他爺爺在世時的功德救了他，所謂「積善行功，人鬼共欽」，爺爺一句話：「死小子，你爬這麼高做啥？還不給我下來！」勝過一切功德，讓佛光與業力頓時黯然失色！

大姊後來還是與丈夫離婚了，丈夫後來再娶，據說他對再娶的夫人只要求她勤拜祖先，其餘好說。

業力的拉扯有時是連當事人也不知道的，人們因爲自我意識的蒙蔽，往往以爲一個想法的產生，是經由自己愼思熟慮的結果，卻不知已成形的想法是被業力的因果關係所牽引。很多人把業力當成恐怖的厲鬼看待，因此造成鬼不嚇人人嚇人的鬧劇，仔細推敲業力，業力不就是自己的想法？因爲執著的自以爲是，最終才造成「各人造業各人擔」的俚語。

上海的大姊也是這樣，從年輕時的處事明快自信滿滿，到了遲暮之年，凡事牽拖拉扯，始終無力對抗自我的業力影響，以致於藉口不斷理由不窮。後來只要大姊電話約我喝咖啡，我便會暗自準備一行李箱的紙錢，半挾持的把她拖往上海的千年古刹龍華寺，請地藏王菩薩幫她轉化業力。

頭兩次大姊還像小孩似的發怒，有一晚她打電話來，自己約說幾時再去龍華寺，我反問她是不是被托夢？她笑說她經過這幾次，慢慢發覺晚上很容易入睡，病發的時間也逐漸延長，所以她想再繼續試下去，我心中暗喜她的進步感覺，嘴上卻不饒的說：「過兩天吧，這幾天辦的人多！」物稀爲貴看來還是曠世不變的眞理。

家族業力的累積

李小姐在電話裡跟我說，短短一年內，她娘家就辦了三件喪事。年初母親因爲乳癌過世，年中時唯一的兄長也卒於肺癌，長期居住在養護中心的父親也在過年前盍然長辭。面對家人一一離世，她內心百感交集也深怕厄運不止，家中會陸續再出横災，她終日煩惱卻不知該如何過止。

同樣的情況也曾經發生在另一位張小姐的身上。第一次見面時，張小姐就說她家七個兄弟姊妹，在三年内死了四位手足，如今只剩她、姊姊、弟弟三人，巧合的是她和姊姊從小給人領養、弟弟過繼從母姓，也就是說死掉的四位手足都是從父姓。不單是如此，從父姓的下一代也逐漸凋零，最小的唯一男丁年僅三歲，現在卻被診斷出罹患腦癌性命垂危。

張小姐說爲了此事，她和姊姊兩人不斷的尋訪高僧大德，想要透過超渡法會阻止家中的業力催索不斷出現，但是家中的憾事似乎沒有停止的一天，冥冥中一股看不見的力量正在將她的家族覆滅。

有一次，她遇見一位通靈大師，告訴她家中的第一代來台祖先，曾因爲與別區村民搶地爭水源，而發生廝殺格鬥滅了人家一整村的男丁，時隔百年冤魂不散，業力重返人間欲索冤業。

張小姐一聽怵然心驚，此後不斷透過超渡法會祈求平息這場紛爭。有一次，她聽說北縣有間佛寺的法師辦超渡法會讚譽有加，她聞名前去拜訪，然而，當這位大和尚聽到她家的前朝往事時，卻皺著眉頭說這款家族業力太大型了，殺生冤業太重，他恐怕辦不了。張小姐遲疑了一會兒，她不明白佛法無邊，爲何辦不了冤業超脫拔薦？大和尚沒有正面回答她，只說他的前半生是拜玄天上帝，以前是玄天上帝的乩身，後來感嘆道法不足以成就正果，於是轉而剃度爲僧，肉身入佛門之後，才深深體會業力難度一事，更何況這是屬於滅人宗族的事情，就算他願意日夜持咒念經超渡亡魂，那也得冤魂業力們願意牽住佛陀接引之手。

張小姐看大和尚面有難色也不便強求，別過大和尚之後，她順道參拜廟院各殿菩薩，行經後院迴廊時，她遠遠望見一間小房門上，貼著一張朱紅符籙，近身一看果眞是玄天眞武大帝的鎭宅符！她心生好奇怎麼佛寺之中會有道符？想來是大和尚所說，之前曾拜過玄天上帝之故。但這間小房爲何要貼一道符呢？於是，她擠身湊近門縫眄看，房內布置簡單清靜，廳內似乎供奉著一塊牌位，當她想看清楚點時，赫然發現房裡有許多小孩，有頭腫如榴連的有雙眼潰爛的，還有缺手斷腳的，她看得怵然心驚不自覺的退後數步，她很清楚她看見的絕對不是眞正的人，天生的陰陽眼使她確定這間房內關著的都是一群殘缺病障的嬰靈或是曾經夭折的小孩。

這時一位寄宿廟中的師姐走來，她趕緊拉住師姐，指著小房想要問清楚她所見的是否眞實？師姐說，很久以前有些婦女生下了天生殘缺的小孩，無力治療或者可以治療也活不久，於是都送到這廟來，祈求佛陀將他們接往西方。廟方收留這些來不及長大的小孩，也只能將他們統一安置在這小房內，任其自生自滅，時間久了小孩就越收留越多，這房內開始也不安靜起來，半夜嚎哭聲、摔東西聲、憤怒聲此起彼落，甚至還會外出逃逸，大和尚心生憐憫卻也無計可施。剛開始還在房內放誦佛聲，但依然無法安頓這群冤靈，最後只好在房門上貼上靈符不讓他們外出。

張小姐忙問，佛祖沒有來度化他們嗎？師姐聳聳肩，語帶禪機苦笑著說：「諸法空相，不垢不淨，也許來過了，也許因緣未到吧！」

如果要用很白話、直接的方式解釋什麼是「家族業力」，或者可以這麼說：「祖先所做的缺德事、受到的冤屈，不得報應或不得伸張，因此祖靈無法獲得安息，故而用災病劫難提醒子孫，希望子孫爲他圓滿所欠缺之事。」

事實上，這樣的解釋也不能涵蓋所有家業的內容，畢竟每一個家族所產生的問題不盡相同。如上面張小姐的例子，假設祖先滅人男丁天理不容的事實是存在的，那麼張小姐眼下家族所面對的男丁日漸凋零，則是符合一報還一報的公平原則。也就是說，後世的子孫在輪迴百年後，代替前面的祖先受過，因此產生了現在的家族傾滅危機。

中國人過年時在門口上貼的春聯，常會有：「積善之家必有餘慶」，意思是說祖先們所做的好事，不管過了多久，也終必會庇蔭後世子孫，得孝子賢媳出富貴達人等等。但反過來說，「積惡之家必有餘殃」也是相同的道理，只是大家受祖先餘慶庇佑時總是沾沾自喜，而受祖業惡報時，卻又埋怨祖先禍及子孫。

你必須很清楚的知道，祖先與子孫之間絕對是血脈相連禍福與共的，你的祖先也曾經是你家族的子孫，現在身爲家族子孫的你，未來也會被請上供桌成爲祖先受子孫膜拜，假如你的子孫以後不拜你，你說你要去找誰？或許現在的你身強體壯，可以咬著牙說，你並不希罕以後被當成祖先供奉，但是，據我所知，中元普渡時，很多孤魂野鬼都會哭著說：子孫不拜他，他只好流落街頭接受普渡款待。

中元普渡你可以把它想像成是街頭遊民施粥賑災，每年冬令時節，政府或民間不都會施食、捐衣給無家可歸的遊民？沒有子孫供拜的祖先，就好像遊民一樣，你現在把你的祖先當遊民一樣對待，不供奉不祭拜，哪一天物換星移你變成了祖先，你的子孫也讓你成了無處可訴冤的遊魂，那時不要後悔也不要怨嘆，因爲你在世時並沒有從你做起安頓你的祖先。

曾有一位朋友在得知他事業潦倒是源於家業問題之後，很洩氣的說他的祖先無功無德，看來他要東山再起是難如上青天了。過去的宗教和民俗觀念很制式的教育普羅大眾，祖先積德福蔭子孫，子孫若是運勢不佳就很直接的埋怨祖先沒有積德行善以致禍延子孫，甚至以此爲失敗萎靡的合理藉口。聽到朋友這樣埋怨他的祖先，心裡雖然不禁搖頭嘆息，但也明白這並不是他的理解錯誤，而是既有的觀念並沒有教會他雙向思考，須知祖先假如沒有功德，自己可以去做一些功德迴向給祖先，祖先獲得子孫的功德之後，他就有能力將功德轉化爲福報，提供給子孫榮耀人間。

祖先與子孫之間，家庭與家族之間，存在著一種微妙的陰陽關係，我們可以這樣試著想像，在中國人的觀念裡，一個人結婚、成家立業、養兒育女，最後的目的不外乎望子成龍望女成鳳。不管時代如何變遷，根深蒂固的觀念裡，總是希望自己能光耀門楣，如果自己無法達成這個心願，就會把這個心願移交給下一代的子女，於是很多父母縮衣節食，不外就是希望以自己僅有的能力盡量扶植自己的下一代，期望能夠門第生輝。上一代和下一代間存在著這樣的關係，在看不見的陰陽兩界，陰界的祖先自然也會期待陽界的子孫能夠出人頭地。

爲什麼會有這種說法？只因爲血濃於水，即使陰陽阻隔也無法斷絕家族的關係，因此，祖先無德無法福蔭子孫時，身爲子孫的人就應該反過來幫祖先行功造德，再等待祖先的福蔭到來，助自己的人間功名能順遂通暢。

大凡家族的業力中，最常遇見的並不是祖先無功無德，而是祖先受業力所困，無法將他的功德轉化給子孫。在旅居上海的時光裡，就曾有一次帶一位上海朋友到上海白雲觀，請求玉皇大帝爲他開運補運的眞實案例。

上海朋友開了一家廣告公司，經營很多年了，這兩年受景氣萎縮的影響，赤字不斷上升，以前剛認識他時，他說，早幾年的上海景氣蓬勃，人人「鑵錢」不亦樂乎，根本不知道什麼叫景氣萎靡。但這一兩年受國際局勢的影響，許多外資撤出大陸，連帶使他這兩年來吃足風雨飄搖的苦頭，每個月的營業額能勉強維持公司不墜已經算很不容易了，更遑論過去那段「鑵錢」的日子。

大陸人對於拜神的觀念僅止於一年兩次的祭祖，除此之外，他們對於拜神求運的事情顯得相當陌生，當我把可以求神補運這事告訴他時，他幾乎抱著狐疑甚至不相信的態度，但我也建議他在沒有任何方法改變現況的前提下，不妨感受一下神威顯赫的奇蹟。對於拜神開運一事我向來信心滿滿，只是無法預知他將會在多久的時間內，遇到怎樣的神蹟而已。

第一次帶他到白雲觀求玉皇大帝時，在我的「幻聽」下，一下子就「聽」見玉皇大帝帶著微嗔的語氣說：「怎麼現在才來？」又說他「功在黨國」，有一筆功德要賞賜給他。

當時我覺得我的「幻聽」實在病得不輕，「功在黨國」不就是在說他有功於共產黨？但是按照我理性的推敲，共產黨至今也不過六十多年，他還不到四十歲，哪來功在黨國可以領賞？在覺得不合理的感受下，我告訴他我所「聽見」的事情時，刻意的把「功在黨國」改成「功在朝廷」，並且自以爲合理的跟他說這是他祖先的功德要轉化給他。

朋友聽了似懂非懂，但他卻若有所思的說，他的爺爺在國共內鬥時，雖然身爲共產黨員，但曾經憑著他的權勢救活了一整村人的性命，即使到了現在，那個村子的後人仍然立廟供奉他的爺爺，感謝當年救祖之恩。

聽他這麼一說，我才恍然大悟，原來玉皇大帝眞的是說「功在黨國」，只是我沒料到前人的功德這麼快就報應在子孫身上，造成誤判還是源於自身的主觀意識上，果眞是天威難測啊！

後來玉皇大帝又「說」了一件連我的主觀都派不上用場的事情：要上海朋友去黃浦江上領那筆功在黨國的獎金！這下又難倒我了！我壓根不知要怎麼辦「領賞」這件事，於是情急之下，只好先請玉皇大帝先助他事業鴻圖大展，黃浦江領賞一事，就等我從台灣回上海再說，把時間延一延，我也好有緩衝想想該怎麼幫他去領黃浦江上的封賞。

那次之後，上海朋友沒過幾天又打電話來，問我能不能在回台灣之前，再帶他去一次白雲觀，我問他爲何那麼急，他支吾的說想盡快了結一樁心事，既然他這麼有心，我也盡量幫他安排時間再帶他去一次。

巧合的是，這時他的助理透過MSN也要找我帶她老公去拜神，我問她怎會突然信起神來了？她在MSN上說，她的老闆自從去過一次白雲觀之後，公司一下子多了好幾個案子，這時我才終於弄懂他爲何急匆匆要我再帶他去，原來他「暗槓」了這一段沒說。

第二次再去白雲觀時，我幫他準備了「補庫」的節目，希望他接進來的案子能夠早日看到銀子，在回來的路上他沉默許久才跟我說，他第一次拜回去之後，發生了兩件他覺得很不可思議的事情！一件是二十多年的頭痛病突然好了，身體像輕了許多；另一件是那晚他夢見他上了天庭，他無法看見閃閃發亮的玉皇大帝，卻看見百位的文武大臣列隊，似乎在歡迎他重歸天庭。

對於夢我向來抱著不理不睬的態度，以免如佛家所說的「著相」，夢見好或不好的情境總是會讓人惴惴不安，倒是他認爲改善了他歷來的頭痛症，我倒是感同身受。對我來說，拜神求助是一件很「現實」的事情，因爲有所求才會有所拜，手持三炷香不外乎請託神明依據彼此互惠的原則，給予實質上的幫助而不是心靈上的慰藉，如果只是心靈上的信仰，那叫「慰藉」，而不是眞正的幫助。有些人有特殊性的頭痛藥石罔顧，通常我都會認爲這是體內地震效應，也就是體內的陰陽板塊，在不平衡的狀態下，產生相互擠壓的結果。一般來說，透過求神燒紙錢，都可以獲得很大的改善。

再回上海已經是四個月後的事，在要回上海的前三天，功在黨國的朋友催來電話，他說出大事了！問我幾時到上海？我驚問他發生啥子大事，他說電話裡不方便要當面說。

到上海那天晚上，他立刻打來電話，問我記不記得玉皇大帝曾跟他說過，要他到黃浦江領財賞一事？時隔數月老實說早已記憶模糊，經他提醒才想到似乎確有其事。他說現在機會出現了，原來這一陣子上海市政府爲了整頓市容，嚴令禁止在黃浦江邊上安掛各種大樓户外廣告看板，但這時一位做户外廣告的同行卻來報他一個消息，現下有一棟大樓被破例允許懸掛LED廣告看板，但同行卻苦於臨時找不到承租户，而且限期即將屆滿，到期前如果找不到承租户，就必須接受市政府的禁令。朋友心想，這麼大的一筆案子，他去哪找客户？雖然這盤菜味美誘惑力大，但他也只能吞吞口水望梅止渴。

誰知就在同一天的晚上，一位外資公司的朋友找他吃飯，席間談到公司最近出了一個難題給他，要他在黃浦江旁的大樓，找一個可以讓他們公司打形象廣告的看板，但偏偏上海市政府已經明令禁止，而公司又硬要他想辦法，把他搞得實在不知該怎麼辦才好。朋友一聽精神爲之一振，立刻說他正好有這麼一個可以掛看板的大樓，兩人一拍即合，隔天立刻備妥報告書上呈總部。

朋友跟我說，這不正是要他去黃浦江領一筆財嗎？以他公司的規模，他根本無法碰觸這種數千萬人民幣的大案子，但此刻卻又剛好一個蘿蔔一個坑，機會進來的恰到好處，簡直不費吹灰之力。但此刻高興尚早，最關鍵的是約未簽、訂金未付，讓他寢食不安滿心忐忑。

聽他驚心動魄的一說，一方面替他高興，一方面也不由得替他緊張，於是趕緊再帶他前往白雲觀求見玉帝，又火上加油的補了許多紙錢，最後終於獲得玉帝的「堅決答覆」，告訴他不假時日必有定見。

果然，在那應允的時間，他終於親筆簽下租賃契約，他心上的大石終於放下來，吐著氣的說，接下來公司未來十年的營運成本他可以高枕無憂了。

祖業並不一定就是不好的業力，但是幫祖先做功德，而祖先轉福報給子孫卻是絕對的。雖然並不見得每一個人都能像這位上海朋友一樣的幸運，得到祖先的庇佑，但是孝親敬祖卻絕對是讓每一個人鴻運當頭的必然條件，而家業的轉化則要看你是不是抱著這樣的信念，幫你自己也幫你的祖先。

個人業力的糾結

「業力」一詞，來自宗教中以「善有善報、惡有惡報」的觀念爲根據，所創造出來的假想。假設一個人做了傷害他人的事情，被傷害的人雖然無法在當時的時空背景下予以防禦或反抗，但在轉換時空背景（輪迴）之後，被害者便可在適當的時機，給予當時的加害者以牙還牙的報復行爲。

因此，宗教勸人向善時才會說：「欲知前世事今生受者是，欲知來世事今生作者是。」宗教勸人放下屠刀不要再冤冤相報，但是說者津津樂道，聽者刻骨銘心，叫一個被傷害的人不計前嫌放過施害者一馬，或許會有這樣的哲人當下恩怨兩停，但這畢竟是少數，大多數人心裡的不甘其實還是很難放下，畢竟這就是人性。試問，你的家產悉數被盜匪所劫，你願意放棄報案並且要求警察放過盜賊一馬？妳的丈夫被小三所奪，妳眞的可以心甘情願？因爲不甘願啦，所以心裡埋下憤怒、憂傷、悲愴、無奈的種子，經過幾世的輪迴，於是種子發芽復仇的行動終於展開，這就是業力的時間表。

宗教以「業力說」闡釋輪迴中的因果關係，但卻用神鬼包裝這個宇宙間的定律，使得人人將業力視爲報復的厲鬼。雖然沒有數據證明這種假設是錯的，然而因果關係如果撇去鬼神之說，用較爲顯學的方式來看，「業力」也可以用「陰陽失衡」的假想來看待。

假設「業力」來自於對方的報復，「陰陽失衡說」則可以看作是自我良知的恐懼失衡，由於自知做了對不起他人的事情，於是自我良心受到譴責，即使口頭上不承認，但良知卻因施害而處於自我恐懼當中，於是陰陽能量失去平衡性，大多數的陰能量流瀉入他的恐懼中，久而久之，這股陰能量在實際的生活中，衍發出各種的可能性，例如失敗、負債、離異、疾病、受騙等等的機體現象，產生所謂的因果關係。

「陰陽失衡」可以說是以自我的角度來看因果業力關係，「業力關係」則大多以對立的角度來看自己被報復的現象，兩者間其實並沒有太大的差異性，差別只在於一部小說是以第一人稱或第三人稱來撰寫而已。

我有一位朋友過去還沒辦三赦之前，內心時時刻刻充滿著無數的恐懼感，他的經濟狀況不是很好，卻總是花很多錢買無數的天珠、鈦晶，或是宗教避邪物如金剛杵、時輪牌、佛像等等，買來之後盡一切可能的在脖子上、手上披披掛掛一堆。他時時刻刻擔心自己在熟睡的某一夜，受到業力催索而終止呼吸，或是經常夢見有仇敵前來追殺、無頭女鬼提頭來見，甚至夢見神佛告訴他只剩下兩年的壽命。他不斷的恐嚇自己，起因皆是之前遇到無數的大師告訴他，前世作奸犯科殺人無數，以致今生受業力糾纏，三人成虎之下讓他對這些話逐漸的深信不疑，家裡的法器也越買越多，在他家小憩隨處可見價值不斐的寶物散落一地。

有一天我實在忍無可忍了，終於跟他說，你現在食衣住行都不會比別人差，假如你的前生眞的作奸犯科殺人無數，現在應該是墮入餓鬼道或是畜生道，怎還會讓你有閒錢東買西買這些被炒作的寶物？換句話說，能夠投胎爲人而且又長得人模人樣頗具姿色，怎可能前世大逆不道怒犯天條？在我的理解中，既然能夠生而爲人，又有幸可以一霑神澤，通常也不過就是犯了一些小過小非，讓你再有人形給你補過的機會，所以，你爲何不試著去理解業力的存在方式，並且去轉化它而不是阻擋它，這世間如果眞的有業力鬼，憑那幾塊石頭又怎能阻擋得了可以穿牆越壁的厲鬼？

朋友聽了一臉苦笑，彷彿覺得有道理，但又不敢輕易嘗試，寧可墨守成規貪圖一時苟安，接下來的日子他依然四處尋覓防身寶物，晚上睡前吞了兩顆安眠藥之後，還是穿戴一身法器的和衣而睡。

有一天趁閒問他要不要隨我去廟裡一遊，他毫不考慮的答應隨行。那次我們是去中部的地母廟，正要入廟門之際，突然「幻聽」一位女神淒然淚下，還用細細的聲音說：「我兒來了！」我往遠處一看，聲音是來自一位媽祖模樣的女神，我心下納悶怎麼地母廟會有媽祖？此時，朋友不由自主的說，他覺得自己的鼻子酸酸的，有想哭的感覺，我心想媽祖說的「兒」八成就是他了。入廟後赫然發現地母身旁竟然配祀著一位媽祖，細細一看竟是剛剛那位呼喚「我兒來了！」的那位女神，地母廟來了很多次，居然第一次發現地母廟有媽祖。

當下我立刻幫朋友點香請示，問了半天綜合出來的故事，大意是在某一世有個女人生下一個男嬰，沒多久男嬰被偷抱走了，失去孩子的媽媽四處拜神求佛但始終找不到他的小孩，幾經輪迴之後，媽媽修成了媽祖的神格，而他的小孩就是我的朋友。修成媽祖之後的媽媽當然知道誰是他小孩，但是，基於神佛不破因果的前提，祂只能暗中庇佑這個小孩，然後慢慢的等待時機成熟，讓這個小孩逐漸的與祂相遇。

前世的記憶在今世「意外」的連結，一場母子相遇將原本可能是神與信徒的關係提昇到骨肉關係，於是，成爲神的媽媽就可以名正言順的介入這個前世小孩的今世因果。

媽祖媽媽與朋友骨肉相認之後，第一件事就是先去除朋友的恐懼感，不明就裡的朋友聽到關於他自己的故事，一臉的雀躍，對他而言是不是骨肉重逢並不重要，重要的是他又多了一位可以保護他的神明，因此，從認親、報恩、三赦一路走來，他拜神、燒紙錢總是格外的起勁，有一天他自己主動跟我說，他覺得有媽祖媽媽在他身旁了，他覺得很安心，所以不打算再繼續吃安眠藥睡覺了，這是他第一次自發的發心想要戒除藥癮，於是我也鼓勵他試著往正向去做，畢竟藥物不是治本的方法。

沒吃安眠藥的第一晚他比平常還早入睡，吃過晚飯後他連打幾個哈欠之後就沉沉睡去，隔天早上八點不到就接到他電話，電話中興奮異常的說他昨晚作了一個夢，夢見一個滿臉慈祥的女人，在他夢中輕撫他的額頭，還說要他不用擔心任何事，因爲媽媽在。

記得沒多久前他還告訴我，他夢見神明來報，說他只剩兩年壽命，言猶在耳，但此刻的他彷彿眞的找到前世的母親般雀躍，那些危言聳聽的話早已拋向遠方。

在古老的年代，宗教的教義爲了普及知識水平不高的老百姓，於是運用神話中的鬼怪恐嚇人們不要去做壞事，當時沒有科學的依據或是說法，所以用「一報還一報」恐嚇人心諸惡莫做。但是現代人的知識教育水準普遍提昇，科學領域中也逐漸的印證宇宙空間中充斥著各種「能」的展現，例如現在人手一支的行動電話就是如此，透過無線電與基地台的連結，構成網路中的虛擬世界。因果業力的連結或串流與網路的連結相比，結構形式大致相同，只是業力世界的「能」量連結似乎又比無線發射深奧許多。

因此，與其把業力想像為冤鬼相報，何不將它視為是自我意識體的覺醒，並且願意以自己的肉體親臨遭遇以求業力圓滿。只是靈體（陰能量）決定這麼做時，肉體（陽能量）受外界事物的影響而不願意被報復，陰體與陽體的意識由於無法統一，所以才會造成陰陽能量失衡。而這樣的失衡產生在內在的就成為病變，產生在外在的就成為人際失和、事業失敗、家庭破裂、錢財損失等具體現象。所以圓滿業力，貴在自發，當你想改變自己頹敗的當下時，就可以運用陰陽調和的方式，重新調校你的陰陽能量，那麼所有的事物能量就能夠逐步的回到軌道上。

沒有宗教信仰或是不信鬼神的人，可以靠著自己驚人的意志力試圖讓自己烏龜翻身，有宗教信仰的人可以求助於他的造物主，透過基督、天主、佛陀的力量獲得援助。

而在這本書中要教大家的是：透過神的功德能量修補你的能量失衡。所有的方式基本上都是大同小異的，而唯一的差別只在於時間的長短、速度的快慢而已。

曾有一位朋友因爲企求事業成功財源廣進，而要求我陪她去補財庫，但是到了廟裡時，神尊卻不幫她補，當時我們都覺得很奇怪，按照她的進度，她已經做完所有的儀式，神尊沒有理由不幫她補財庫。但是不管我們怎麼擲筊，每一次都是「蓋杯」，百思不得其解之下，只好請神尊清楚指示，問了許久之後，終於問出神尊要她先去「病劫」。朋友得知神尊指示未來三個月内將有大病時，當場不置可否，直到離開廟時才跟我說，她在公司負責人事管理，公司每半年都會有一次員工健檢，由於職務之故，健檢醫院都會給她特別優惠，詳細檢查身體各器官，每一次的檢查都屬健康，現在神尊說她未來三個月內會有病災，實在是讓她想不通。

但過了一個月後她打來電話，表示她因爲不放心自己的身體，於是又額外去做了一次體檢，不料竟然檢查出她已經罹患第二期子宮頸癌！這讓她感到震驚與不可思議，每年兩次的檢查都是健康體，卻在神尊的指示後發現了癌細胞，她幾乎不敢相信神蹟是這樣的神奇。於是，她按照神尊的指示準備了紙錢趕赴廟中辦理消病劫，幾個月下來病情穩定，不需要化療只要服用抗癌藥物即可。

對她來說這是奇蹟，對我來說這是很常見的奇蹟，有時甚至會覺得，人們視之爲大事的事情，只要神尊肯處理幾乎都會變成小事，但神尊又是如何處理化有形於無形？說穿了，就是憑藉祂的功德力和你的懺悔心。

幾乎在我的每一本書中，我都會提到「懺悔」是一件很重要的事情。

眞正的懺悔並不是爲了做給神尊看，以便讓祂答應你的請求，而是透過你自己的懺悔，使你的陰陽意識能量能夠整合爲一，很單純的從懺悔出發，再與神尊的陰陽能量相互契合，自然而然就能達到消化業力、招來好運的奇蹟了。

常有很多人在問，他一樣也有懺悔但卻不見任何奇效，或是他並不知道該怎樣的懺悔才算眞正的懺悔。唐朝武則天晚年修佛時，曾經驚嘆佛法恢弘，於是做了一首懺悔偈：「往昔所造諸惡業，皆由無始貪嗔痴……」後人照本宣科的唸誦，卻沒有眞正的瞭解句中的精神，以爲只要如唱誦般的唸著就能消化往昔所造的諸多惡業。甚至更可笑的是，有人也以爲心神不寧時運不濟時，只要聽聽心經的音樂就能獲得寧靜或是救贖。詩詞的精神事實上在於文字的內涵而不是音符節奏，不願意花時間去解讀文字的意義，卻花很多的時間傾聽和背誦，到最後仍然無法爲自己解開內心的枷鎖。

懺悔，大部分的時候是處於自我反省的模式：我是不是讓他人因我的貪念而蒙難？我是不是因爲我的執著而使他人受到委屈？反省通常是由果返因的去深思，就像分手的戀人一般，總有一方痛苦而另一方如釋重負，因愛痛苦的人要去反省對方棄他而去的原因，如釋重負的人要去反省如今對方因你離去的痛苦。這話說來容易，但仔細想想大多數的人都是大膽犯錯卻無膽道歉，由於雙方的能量處於對峙的不平狀態，於是各種業力就隨「緣」而起了。

學習懺悔要從反省開始，找到了自己犯「過」的原因之後，再請求神尊給予協助。爲何要神尊協助？理由很簡單，因爲阻礙你的並非現世中的人，而是虛空中的無形能量，它如石頭般的擋住你，你無力搬開時便要請求神尊的功德能量，幫你化開業力能量。人要能靜思己「過」，一味的好強爭勝，一旦「過」轉「業」時，你再好強也都不是業力的對手，哪怕你家財萬貫，在業力的面前你也是手無寸鐵。

如果業力的肇因是來自自己的陰陽能量失衡，如果你無法自行調整陰陽能量的比例，最後眞正讓你舉手投降的其實還是你自己！老外常說要戰勝自己，這是很不智的說法，究竟要戰勝自己的什麼？又爲什麼要把自己假設爲假想敵？自己面對自己沒有勝負之說，只有能量對流平衡之說。

不同於家族業力，個人業力所包含的範圍不勝枚舉，舉凡身體的病痛、物質的損失、人際關係的不和諧等等，幾乎都可以用個人業力來涵蓋。但有時暫時性的失業或是時運不濟，卻不見得是業力的作祟，有時是因爲自己的功德運尙未到開花結果的時候，以致於一時之間感受不到好運的降臨。

因此，與其說業力干擾，勿寧說是好運未到。人心往往喜好厭壞，喜歡自己身強體壯、不喜歡身體孱弱，喜歡鴻運當頭不喜歡衰運罩頂，喜歡一夕致富不喜歡窮運連連，只要是人，相信不會有人喜歡自討苦吃。但是，從能量的流動分佈來說，不管好運或是壞運都需要時間的累積，但爲何別人福多禍少，而我自己衰多旺少？主要的關鍵除了業力之外，另一個原因是你擁有多少的功德，足以讓你在今生得到多少好運。

韓國有句俗諺說：「錢不是樹上掉下來的，是死人從地下帶上來的。」這裡的死人可以從兩個角度理解，一是來自你前世的功德累積，另一是指祖先的功德庇蔭子孫，功德用盡福報享盡，即使不沾業力也只是庸庸碌碌。因此，當好運還未來時，也不需汲汲營營，按照「功德轉福報」的原理，老老實實的做人、拜神，在很短的時間內，你就能感受到「神麻永被」的奇遇。

在大陸工作的台商小劉就是一例。他透過書信告訴我，在大陸工作十年時間，他依舊負債累累，最大的負債是來自當時爲他的一位同性密友作保，最後密友經商失敗下落不明，而他自己爲了償還銀行欠款，只好放下年邁寡母隻身挺進大陸。十年來他省吃儉用依然一身債務，他有時很鬱悶鎮日愁眉苦臉，他說若不是家中還有老母，他早就想尋短了此殘生。

他曾經去找一位通靈法師，法師說原本觀音菩薩設定他要去投胎當女人，誰知註生娘娘讓他投錯「胎道」，所以擁有男人的肉體和女性的靈魂。法師還拍胸脯保證可以幫他把女性的靈體從他身體裡抽取出來，換一條新的靈，未來就會喜歡上女生，當然，以後就不會再被同性的男人騙財騙色……

這套說法從頭到尾只能說是歪瓜劣棗般的膚淺，同性戀或是異性戀的性取向，只是自體陰陽能量流佈比重不一所造成，何來投錯胎道？換言之，正確的胎道又是什麼？好比有的人對音樂有超人一等的感受，有的人對數理有過人的邏輯分析能力，性取向異於常人只是因爲自己的心中對感情的嚮往，不同於一般的社會族群認定而已，與投胎有何關係？如果說這一切一開始，都是觀世音菩薩和註生娘娘的錯，那麼，他未來錯誤的人生誰該來爲他負責？假如同性戀是錯的話！

小劉那時萬念俱灰下果眞去籌錢換靈，但十年下來他愛的依舊是同性，性取向一事隨著年紀的增長，他已經不再耿耿於懷，但對未來的人生卻充滿疑惑與恐懼，他無法想像未來的人生是在負債、還債中度日。

後來他來上海找我，我建議他去找上海白雲觀的玉皇大帝化解，在求神開運的過程中，我驚見他的靈體在神像前躍然而出，伏撲跪地暗泣他遭人陷害，以致於被罷黜邊疆，那時我才明白，有時赴廟求神，當靈體的能量湧動時，也能超越肉體意志，而出現所謂「出神」自訴的情況。

妙的是玉皇大帝接受他的申冤，卻指示他要回台灣去請雲林三條崙海清宮的包公作主，辦好後必須再回上海白雲觀稟報。如此一來一回就跨越了一年，當時玉皇大帝也指示，在包公那邊辦好「申訴」後，會先發一筆「國賠」給他。果不其然，辦好後他回公司參加尾牙，竟然抽中百萬元的獎金，這使當下感受神恩的他愈發對拜神開運一事深信不疑。回到上海後，他又急急赴上海白雲觀向玉皇大帝稟報，當下玉皇大帝也勸慰他未來要珍惜機會，好好把握今生，多行功德未來要保他加薪升職。

小劉當時心下想，他的職位已經封頂了，再往上升職已經沒有空間了，而這幾年台幹越來越不值錢，能保住工作就已經不錯，就別妄想加薪了。但兩週後出人意表的，他的老闆竟然主動找他談加薪升職的事情，對他或其他同事來說差點眼球暴凸，每個人都認爲不可能的事情，卻在平淡的日子中逐步踏實的發生。

錯誤的人生應該由自己面對，而不是推給其他的人或神，卻將自己應負起的責任置之度外。傳法者顛倒眾生的說法眞不知該由誰來負責？雖說小劉獲得了奇蹟式的「賠償」，但他也一樣心誠意堅的從懺悔開始做起，最後他蒙神青睞改變了他自己的人生軌跡。現在的他除工作之外，也以身體力行的方式累積功德，以便未來擁有更多福報做更多功德。有一天他甚至跟我說，他終於能夠體會福報不是拿來做奢侈的享受，而是運用福報累積更多的功德，而他最珍貴的獲得並不是他增加了財富，而是在實踐的過程中所擁有的每一分每一秒的充實感。

同樣的事情也發生在另一位上海小姐的身上。上海小姐的老公無時無刻不吵著要跟她離婚，想要爭取恢復自由單身的空間。上海小姐不希望唯一的女兒失去家庭的完整性，於是很苦惱的想要透過拜神解決她的婚姻問題，但一整年下來，她的老公仍然執意要離婚，而她也依舊很堅持的透過拜神想要化解她和丈夫間的業力關係。

有一天，我終於忍不住的問她，拜神、燒紙錢這麼久以來，她的婚姻問題仍然存在，爲什麼她依然持續不懈的繼續拜神？她想了很久後說，以前她被老公的執拗干擾的頭昏腦脹，白天無法工作、晚上無法睡覺，但是自從拜神之後，她的心篤定很多，面對老公的離婚要求，她似乎更能以清醒的頭腦面對，她覺得她的內心很踏實，沒有以前的恐懼感，所以，她一路這樣拜下去，她也知道她的問題終將有解決的一天。

一年多以後，有天她的老公突然打電話跟她說，以後他會每天回家接送小孩上學，後來又說想減少開銷搬回家裡住，事情的演變似乎從止血開始，傷口隨著時間長出了新肌膚，上海小姐說這些話時感受不到任何難掩的欣喜，彷彿一切的發生都是那麼的自然，她的神態讓我想到「隨喜」二字，當一個人的心踏實了，不再有任何的恐懼感之後，不管身處哪一種環境，她似乎都可以隨時選擇喜悅的心情活在當下，至今，她有空時仍會傳來簡訊問我有沒有空陪她去拜拜。

個人的業力往往發生在個人身上，例如精神不濟、憑空幻聽、幻想、幻覺，造成諸多所謂的精神性疾病或是器官性疾病，有時也會發生在與他人的關係上，最常見的是男女的婚姻關係或是感情的關係上，通常稱爲「桃花業力」。

曾有一位朋友自嘆自己外表俊秀內在溫柔，但不知爲何總是遇不到良緣，甚至別人口中的一夜情他壓根也從未嘗試過，他不知道原因出在何處，只知道經濟能力不差、長相不俗的自己總是乏人問津，眼看芳華虛度日復一日，讓他眞是好生困擾！

有一天邀他一起去新莊的地藏庵拜神補庫，這時地藏王突然指示他要還桃花債才能獲得好姻緣，請示下的結果才知道他前世見獵心喜，爲了一親芳澤，總是口開空頭支票，等到玩上手了就又另獵他物，把之前的承諾拋之腦後，於是累積了很多的業力怨尤。在一再的擲筊請示下，他決定誠心償還這些過失，於是請地藏王作主燒化紙錢，還清前世的這些桃花業力。

不過一週的時間，便看見他傳來的簡訊：太神奇了，我的桃花如雪片般飛來！我則回覆他：謹愼爲上，莫再重蹈覆轍。

誤闖禁地的外陰業力

身體是一個很縝密的組織，它的組織包含生長系統和防護系統。身體的構成是來自「有機體」和「氣機體」，「有機體」指的是肌肉、眞皮、內臟的結構；「氣機體」指的是身體的氣動，有氣動則發展出生命系統，例如，西醫說肺臟，指的是肺器官，中醫說的肺臟則是指一切呼吸系統的範疇，兩者互爲表裡而組成一個人的身體，因此包含陰陽兩種能量的構成。

人們喜歡說磁場、態場、量場，說麒麟、瑞獸有磁場可以趨吉避凶，說陽宅陰宅有態場，可以決定一個人的禍福。以這個角度來看，人的身體也是一個能量場，能量飽滿的人活在快樂、幸福、充實的當下，能量不飽滿的人痛苦、自憐、怨尤，彷佛世上的每一件事都與他作對。過去有個叫阿里的拳王，他並不是第一次上場就獲得拳王的封號，終場休息時他氣喘如牛的問他的經紀人，爲什麼台上三分鐘這麼漫長？那時的他正吃足對手的拳頭，每一拳都讓他眼冒金星。

人生就是如此，活的信心十足時間易逝，活的痛苦萬分每一秒鐘都是一萬年。信心是陰能量的累積，健康是陽能量的累積，彼此處於對等飽滿狀態時，這個人必是當旺走運之人，彼此陰陽能量相互對峙、彼此拉扯時，這人也必然是衰運十足、腰酸背痛臥蟬（眼瞼）發黑。

「業力說」解釋了一個人爲何會走倒楣運，爲何會諸事不順，除了前面所說的家族業力和個人業力的影響外，另一個原因就是「外陰」或「外靈」突破你身體的防護系統，進而干擾你的運勢或健康。

「外陰」是什麼？如果把你的身體比喻爲一棟豪宅，而你的靈體是你身體房子的主人，「外陰」則代表可能要驅趕你的靈體，取代你成爲房子（肉體）的主人。

外陰通常會透過幾個管道入侵干擾你的靈體：

1、當你的身體陽盛陰衰或陰盛陽衰時，強行佔領你的肉體。

2、假借神佛之名聲稱共修或一起做功德，誘導你自願奉獻肉體。

3、假業力之名行栽贓之實，名正言順佔領你的肉體。

大部分的外陰不外是運用以上幾種模式，與你的身體能量產生共摩共盪，當你的身體能量逐漸的大量失衡之後，影響所及包含心智、物質都將蒙受災厄與損失，最常見的狀況就是：精神萎靡、夜不成寐、易夢鬼怪神佛、情緒暴躁、動輒易怒、幻聽幻覺、內心時有無名恐懼、心神不寧、恐懼懷疑、被害妄想。進入中期狀況時則人際失和、理性喪失、判斷錯誤、錢財耗損、工作無成。進入末期時極可能家徒四壁、債台高築並且百病纏身。

聽起來頗讓人覺得「細細圳」（台語），但是外陰業力病的爆發並不是一朝一夕，而是日積月累，就好像一張無塵的桌子，表面上光亮乾淨，一開始看不見任何灰塵，但是經過一年後，你就可以看見灰塵如土積累數吋。業力的累積也是相同的意思，一開始你並不會覺得自己有哪些改變或不適，但是時日既久，旁人就能深切的發現你的言行舉止已經偏離軌道。

把外陰想像成一股負面的陰能量，而它會從什麼地方進入你的身體，破壞你體內的陰陽平衡？有的人說外陰會從腹部的氣海穴進入，所以卡上外陰時腹部會有硬化的現象。但根據我的經驗，當腹部發生硬脹的情況時，已經是所謂的「病徵」而不是「病因」，眞正外陰進入的地方是背部的以下幾個地方：後頸（大椎穴、陶道穴、身柱穴），兩肩（肩井穴、天宗穴、風門穴、膏肓穴），腰（三膠腧穴、腎腧穴、命門穴），膝後方（委中穴），腳踝上方（三陰交穴）。

如果把人體前胸後背區分陰陽，前胸爲陰、後背爲陽，但爲什麼外陰、業力的介入都是從後背（陽）進入？那是因爲當你的身體能量處於不平衡狀態時，陽能量大量耗弱，使得外陰有機可乘，直接從你最脆弱的後背進入。進入你的體內後，逐漸與你體內自有的陰能量融合，於是，體內的陰陽能量受到劇烈的破壞，大量的陰能量驅逐你的陽能量，甚至同化你的陽能，最後扭轉出精神、物質上的病變與損失。因此，話說回頭，一個人的身體（太極）如果陰陽能量調和，自然能夠抵禦外力的攻擊，反之則寡不敵眾受外陰欺凌。

附帶一提，人的身體本身就是一個太極磁場，自有的陰陽能量彼此消長構成生命現象，這就是所謂的「陰陽調和」，而不是一般所說的男女交合。男女交合並不是陰陽調和，而是行星互撞的慘烈災情，理由很簡單，每個人都是獨自的太極，自行運轉陰陽，而當你的太極與他人的太極交合時，就像宇宙間的行星互撞，儘管有時可以撞出另一個太極，但大部分的時候都是同歸於盡居多。因此，站在陰陽養生的理論上，大都建議禁慾強身就是這個道理。

每個人在江湖上行走，每天與他人接觸，彼此間的磁場感應，其實也是屬於卡外陰的情形，只是大家都已經習慣你卡我、我卡你，卡久了之後大家就麻木不仁沒有感知了。很多修道者不沾是非遠離紅塵，並不是因為人間空氣不好，而是不想去沾他人身上的濁氣，這種自掃門前雪的意識流，使每一個悟道大師紛紛走避閃躲外陰。

此外，較會發生外陰介入的場所也很多，例如醫院、殯儀館、墓場、寶塔、寺廟、酒店、夜店、法會現場、共修道場等地。

父親身體不適住院時，我曾在醫院陪父親數天，有一天發現護士小姐頸上掛著的名牌背後，竟然裝藏著關聖帝君的護身符，後來再偷偷觀察其他的護士小姐，幾乎每個人名牌的背後，不是關聖帝君就是媽祖、玄天上帝或是五府千歲的護身符。

有一天終於忍不住問其中一位護士小姐：「你們不是阿門醫院

嗎？怎麼會帶護身符？」護士小姐苦笑的說：「有時晚上一個人值班時，比較有安全感。」較熟之後，她又跟我爆料說，醫院裡的同事十之八九都是拿香的，有些新進的學妹，剛開始初生之犢不畏虎，但是一陣子之後，不是聽到腳步聲就是半夜看見已經往生的阿公病人站在櫃台前，因此，每個人幾乎都是先去收驚再去求符保平安。

再更熟之後，護士小姐又說，先前他們醫院裡前後有一位心臟科醫生和一位護士，分別猝死在辦公室內，診斷的結果是「過勞死」，但很多人都心知肚明，當時這位醫師要幫一位病患做心臟手術，手術前病患指著醫生、護士說，假如他術後活不了，他會來找他們算帳。醫生、護士當時笑著答應，心想不過是個小小的心臟手術，成功機率百分之九十以上，護士看醫生微笑答應病人，爲了增強病人信心，也跟著拍胸脯說，連她的帳也一起算。

手術後病人卻因敗血症導致死亡，沒多久就有護士經過病人生前的房間時，聽見房內有人喘氣、謾罵的聲音，打開房間一看，除了一道冷風撲面而來之外，房內空無一人，護士倒吸一口冷氣急急退出房間，之後僅僅兩天的時間，隨即傳來醫生、護士相繼過勞死的慘劇，爲原本就鬼話連篇的醫院再添一樁。

爆料的護士說她也很懷疑她自己是不是卡陰，因爲她覺得常常腰酸背痛步履沉重。基於相逢即是有緣的情誼，於是我建議她去北港請朝天宮的媽祖當她的引導神，幫她處理目前卡外陰的事情。後來媽祖指示她的外陰是來自於嬰靈能量的影響，當時她覺得很奇怪，因爲她從沒有流產墮胎的紀錄，怎麼會有嬰靈干擾，一度她以爲是媽祖搞錯了，後來再一問又指示說是她前一個工作引起的，這時她才恍然大悟，因爲她前一個工作是在一家婦產科醫院，醫院內有人工流產的醫務，那些找不到爸爸媽媽的嬰靈就直接附著在她身上，久而久之就影響了她的健康和情緒。

逐次的請求媽祖幫她處理之後，護士小姐最大的感受是那天晚上她睡了將近十四個小時，她興奮的說那麼多年來，她第一次睡的這麼飽足，而且整個人感覺變輕盈，再也沒有被拖住的沉重感。我告訴她，外陰能量像灰塵，每隔一段時間就要固定清理一次，這樣就不會被外陰所干擾。

三個月後我帶父親回醫院複診時又遇到這位爆料護士，她喜孜孜的跟我說，她的醫生男友跟她求婚了！相戀六年的男友，某一天的清晨醒來，隨口跟她說，我們結婚吧！護士睡眼惺忪立馬清醒，她神祕的說，其實她是耍了一點小手段，跑去跟她的媽祖媽咪求，沒想到不到一個月的時間，玩心很重的男友竟然迷途知返（也有可能是鬼遮眼），讓她直呼不可思議！現在的她每週必往朝天宮去向她的媽祖媽咪請安，保佑她一切平安！

每一個人的體質都不盡相同，有些人的體質較爲敏感，極容易吸引外力介入，而通常這種人如果不是全然的銅牙鐵齒不信鬼神，就是喜歡引經據典談佛論神，跑遍各大共修道場。

在一個道場裡一起念經一起拜佛，表面上來說叫做「共修」，有的人說因爲共修的集體能量龐大，因此會比獨自一人更有「感覺」。但別忘了，共修道場的另一面解釋，也可以理解爲「共業道場」，當所有的人集體唸誦時，心誠意堅的同時，也會引來許多外靈的介入，有的人在此一共業道場中，渾然不知自己的肉體已經遭逢外力大敵，卻一味沾沾自喜自己有神佛護體。

我記得之前曾經有提過「蓮花嫂」的故事，她是一位豬肉攤的老闆娘，深覺自己殺生罪孽深重，因此在朋友的引導下，皈依了一位法師的地藏道場。她初沾佛法喜聞梵音，內心覺得法喜充滿殊勝難言，於是早晚精進，漸漸的她嫌賣豬肉污穢骯髒，又嫌丈夫一身殺業，最後與丈夫分居不顧子女，成天只知唸誦一心想修得正果，丈夫看不下去說她幾句，她便勃然大怒，彷彿變了一個人似的。

丈夫很無奈，眼看整個家庭即將傾覆，爲此傷心不已。當這位先生找到他的引導神時，詢問下才知道他的太太被一個叫「蓮花嫂」的外靈入侵，蓮花嫂據說是在幫觀音打掃蓮花池的無形阿飄，因爲想藉助她人的肉體靈修提昇神格，於是找上了豬肉嫂，久而久之鳩佔鵲巢不肯離去，後來，她的先生豬肉哥請求師尊玄天上帝處理，總算把蓮花嫂再請回去當「阿姨」。

豬肉嫂清醒後說，那一段時間她的身體裡彷佛住著兩個人，她很清楚蓮花嫂在說話、罵丈夫、罵小孩，但她自己的靈體瑟縮一旁無法動彈，彷佛被綁架一樣。經此一役，豬肉嫂再也不去共業道場了，她回歸到人倫本位，繼續相夫教子打理生意，後來，她也找到她的引導神，在引導神的幫助下生活越見充實，她的引導神是九天玄女，於是，她的稱號由蓮花嫂變成了「九天妹」。

外陰介入事實上不需要太過於恐懼，只要自己時刻保持清醒，避免接觸以上所說易犯的場所，基本上，外陰都是可以處理的，也不必受人恫嚇，隨時幫自己的身體清掃一下，都嘛可以常保如新。

第三章

如何處理業力招好運

- 處理家族業力才有工作事業運
- 處理個人業力補財庫
- 處理外陰防止傷財損身

廣泛的來說，業力並沒有多可怕，只是讓人事業不順、財運窘迫、感情失利、身體病變而已，只要知道解法，業力眞的一點都不可怕。瞭解了業力爲何跟你過不去，然後透過「神威顯赫」請神尊居間協調，有時不但可以化清業力，甚至還可以轉業力爲助力，化你腐朽的命運爲奇蹟，而且是在轉瞬間。

話說有個菜籃族的媽媽股票高手，從未婚到現在兒子都已經大學畢業了，數十年來憑著她的股票買賣，幫著公務員的丈夫撐起家庭半邊天，其實她只有高中學歷，當年和我是公司同事，憑著年輕貌美權當公司門面大使——櫃台總機小姐。

數十年後她以讀者的身份與我見面，口口聲聲說她曾與我有數年的同事之緣，但是，眼前這位說話急促、皮膚泛黃、黑白頭髮交雜的歐巴桑，讓我實在無法聯想在哪個猴年馬月與她曾是「一家人」？尤其是她幾乎以驚豔的口氣大呼：「你都沒變耶！我一眼就認出你！」時，簡直讓我想退避三舍。話說，誰會希望跟一個遲暮美女當同儕？不過我還是很淡定的回答她：「是啊，連走在路上都會被國小的同學認出來。」算是肯定了她的驚豔。

飲啜一口咖啡後，她隨即叨叨不休的講述她這數十年的人生。戀愛、結婚、生子……就像每一個曾經是美女所期待的幸福家庭一樣，但是一旦登上女主人寶座之後，有的人權頃一時、有的人如老驥伏櫪，這時就要看誰的八字硬了。面前的總機歐巴桑顯然是後者，臉上佈滿如刀刻劃般的滄桑，早年水潤清亮的明眸，現在彷彿黃膽素過高而顯得混濁，眞正的貴婦此時大多趕往醫美求援，而此刻她卻坐在我的對面娓娓話當年。

高中畢業的她結婚後，面對龐大的家庭壓力，一時之間無法找到適合的工作幫助先生承擔家業。有一天她異想天開的跟著姊姊去買股票，初嚐甜頭讓她從此樂此不疲，為了能在股票市場上無往不利，她很認眞的參加每一堂股票操作課程，最瘋狂時還跟年輕人一樣四處考證考照，也眞難為了她的熱心和毅力。憑著一點一滴的累積，頭幾年她的確在股票市場中收穫頗豐，但是這幾年卻讓她覺得力不從心，而最大的打擊是五年前，她聽從一位股票名嘴的建議，頃盡家中所有孤注一擲，不僅如此，她還慫恿公婆拿出老本，拍胸脯保證一本萬利，此時全家陷入搬進豪宅的春秋大夢中，渾然不知厄運之神已經悄然矗立背後，準備給予當頭棒喝。

這一戰下來潰不成軍，存摺歸零、房產抵押、公婆怨聲載道，還有一筆急需補倉的現金債需要解決。那陣子她忙得人仰馬翻，夜深人靜時，她無法成眠，一個人站在陽台想著多年來點點滴滴的累積，如今盡付東流！這不打緊，現在她在家中猶如瘟神，公婆不屑、妯娌竊喜，連夫妻一體的老公也不諒解她，思前想後她究竟為誰辛苦為誰忙？最後終是忍禁不住的縱聲大哭。但屋漏偏逢連夜雨，之後她大病一場，被驗出罹患乳癌，辛苦白忙一場賠了夫人又折兵，沒住進豪宅卻成了醫院的常客，這一切都是她始料未及。她原以爲只要她好好做，就一定有收穫，卻沒想到得到的代價是不再健康的身體，和讓人咋舌的高額負債。

看著她的臉聽著她的述說，兩相對比才明白那張超乎她年紀成熟的臉，原來是這樣得來的！除了爲她唏噓也爲初見時內心的OS而感到抱歉，當年在KTV縱情高歌的小女生不見了，歲月滄桑，無情業力換來她一身不甘和委屈。

我是這麼分析給她聽的：知識、常識或見識都是屬於通識，擁有通識並不代表能讓你萬無一失，它只能讓你擁有更寬廣的思考和視野，減少犯錯而已，否則比你有錢的人絕對是在大學教金融的教授，因爲他擁有豐富的金融學識；或是證券公司的營業員，因爲他的見識比你廣。

但事實果眞如此？台大固然不乏高材生，但也有流浪街頭的台大生，在大陸生活久了，認識一些所謂的「台流」，探尋背景才知道他們以前都是國立大學的資優生，有些甚至是國外唸書回來的洋博士，但是在「命運」的作弄下，他們成了有家歸不得的台流，成天提著007公事包流連大陸各地一事無成。

人生很奇妙，自以爲擁有無數的專業認證，就絕對可以無往不利百戰百勝，但命運之神卻不這麼認爲，祂告訴每一個摔跤的人，命運掌握在業力手上，而你擁有的工具，只是增加你的生存價值而不是滿足你的生活期待。

總機小姐似乎聽不太懂我的抽象形容，我只好直接問她有沒有年節祭祖？有沒有去請求轉化個人業力因果？有沒有去補財庫？有沒有去處理過嬰靈的事情？她的表情一片錯愕，不是聳肩就是搖頭，彷彿她聽到一篇無法理解的火星文！於是，我告訴她「錢財是死人從地下帶上來」的道理，這裡說的死人就是指「祖先」、「自己的前世功德」，過去的功德造就了今生的福報，但是在運送前世功德的過程中，也會受到業力的阻攔，使你的功德無法安全的抵達今生，成爲你今世的福報。所以，要想擁有財運、健康、感情等等的物欲，就必須先把前世的業力轉化，使它不再阻攔你，再配合你今世擁有的知識、學識去開創你的前程，這樣才能在身心安頓的狀態下，擁有眞正的幸福感。

說了你也許不信，一對夫妻在路邊賣了一輩子的臭豆腐，結果培養出三個博士子女，兩棟信義豪宅以及兩部百萬進口車。賣臭豆腐的老闆娘說，他們夫妻倆沒讀過什麼書，除了賣臭豆腐以外也不知道還能做什麼，但我知道她對拜神樂此不疲，她總是會謙虛的說：「我就什麼都不會，啊都希望神明來牽成。」夫妻倆不僅心連心一起打拚臭豆腐，他們也懂得生活的情趣和目標，每一年他們都會手牽手一起遊覽世界各地，他們的生活過得低調不張揚，卻又充實自在不可言喻。

當然，他們也不是隨意到處拜神，他們有他們信仰的核心，一心求拜三山國王，每年請三山國王幫他們補庫、補運時，他們夫妻總是放下工作，親自一葉一瓣的折起蓮花，有一次親眼目睹他們蒙神指示，每個人需要一千零八十朵蓮花，兩個人加起來是兩千一百六十朵蓮花，那一個月他們夫妻倆開心的在家折蓮花，完成後又叫上一部大貨車，小心翼翼的把蓮花送到三山國王廟，他們的人生就是這麼簡單的過著，愉快的工作、喜悅的拜神，雖然平淡無奇，但卻是很多人望而不及的渴望。

我的總機小姐聽了半天，似乎明白了她的問題出在哪裡，我要她幫自己做一份檢視表，把她的專業、目標、達成率、失敗率通通寫上去，然後自己評估過去至今最後的達成率是多少。假如她發現自己所投資的成本大於收穫，那麼很肯定的必然是在某些地方出了差錯，但如果從表上來看根本找不出任何投報率偏低的路徑，那麼，唯一可以解釋的就是她缺乏某些運去補強她的投資。

「運」是一個看不見的能量，但卻能讓人明確的感受到它的存在，不管你在走好運或是走衰運，回首來時路，你不得不感嘆命運弄人。一個飽讀詩書考盡各種技能執照的人，在他的人生中屢戰屢敗且戰且走；一個販賣臭豆腐的市井小民，沒有接受過任何高等教育也沒有過人技藝，卻能在人生中過著安穩祥和的生活。究其原因當然很多，但其中的原因就是你始終逃不過「命運」的擺弄，更準確的說法是，功德用盡時如何能得福報享用？

處理家族業力才有工作事業運

家族業力在整個業力系統中，可以說是與個人一生興衰榮辱最爲直接的關鍵，而家族業力的系統又極爲繁瑣，畢竟每一個人的家族在過去數百年中（基本上是三百六十年）所發生的每一件事，並非簡單數語可以道盡。不過也不用因此膽顫心驚，因果業力的輪迴計算系統非常的細膩，它並不會要你悶著頭，把古往今來的家族史重新翻一遍，假若整建家族的業力是把它定位在隆昌家族、興旺個人事業的觀念上，那麼，按照業力是one by one的原則，它並不會要你去把所有的家族業力重新整頓一遍。

一般的家族業力，按照一般通靈人士說法，大概有以下幾種：

1、祖先雙姓：

這個問題源於早期台灣的招贅婚姻和過繼母姓所造成。例如曾祖父姓簡，入贅於林姓家族，雙方言明頭一胎生的子女從母姓，第二胎以後從父姓。到了祖父這一代想認祖歸宗，但又不能違背上一代的約定，於是採取折衷方法，仍然沿用母姓，但又把林姓的祖先請進家門，在人倫上以爲可以達到雙方蒙利的條件，但是就祖先而言，卻未必認同這樣的作法，因此便會產生互搶子孫的不協調關係。

在過去的農業時代，嫁出去的兒子和嫁出去的女兒是一樣的道理，很多老人家的觀念是可以去女兒的夫家吃飯、過夜，但絕不會在女兒家生活。因爲當時的輿論認爲住在女兒家，代表女兒的娘家實力不夠，傳出去會被說得很難聽。人活著的時候受制於輿論，人死後觀念仍然根深蒂固，因此，即使把入贅者的祖先請進家裡，他們的靈體受到生前的觀念影響，仍然會很不安穩。

另一方面，第二胎以後從父姓，但有的家族狀況是，第一胎從母姓的子孫沒有生兒育女、或是英年早逝，因此又把第二胎從父姓的改爲從母姓，三搞四搞整個家族史變得雜亂無章，陰間的祖先互搶子孫，而陽間的子孫也受到祖靈不安的影響，使得家族的繁衍以及個人的事業受到牽連。

另一個祖先雙姓的問題是改嫁或領養。早期台灣社會大都貧窮、困苦，有些經濟富裕的家庭卻膝下無子，於是領養孤兒或是同族親戚的子女。被領養的人長大當家之後，也想認祖歸宗，於是在家裡設了兩姓祖先牌位，百年下來子孫沿襲，在適當的時機兩姓問題於是爆發。此外，改嫁也會有這問題的存在，媽媽帶著子女嫁給另一個人，子女從繼父姓，使得原本生父的祖先無人供拜，造成祖先搶子孫的問題。

雙姓的問題非常多樣化，如果不是從事這個行業，傾聽每一個人的家族史，根本很難想像多樣的社會族群，竟然還有這麼多聞所未聞、見所未見的事情。

　　我有位很要好的朋友，從小就是資優生，在親戚家人的眼中，早已認定他未來必定前途光明富貴逼人，而他自己也認爲自己絕非池中之物，早晚要飛龍在天風起雲湧。但事實卻不然，他一生做了很多種行業，但大都鎩羽而歸，人過中年當時的雄心壯志，早已被無情的人生啃噬殆盡，人生遲暮最後所得是償之不盡的債務以及爲膀胱腫瘤所苦，人生最大的願望不再是家財萬貫，而是只求有生之年能夠親眼目睹子女有成，至於頤養天年？他眼中帶淚只能垂頭輕嘆。

　　我勸他倒也不用這麼心灰意冷，只要活著一天都有其意義，何不趁養病之餘也順道祈頌天理，請託神明神威相助？

　　第一次從教堂走進廟堂，他顯得有些猶豫不安，我安慰他別擔心你背叛了誰，宇宙的能量並不會在意誰是你的主，只在乎它的能量是否能夠被你正確使用，並且回饋給其他需要幫助的人。懺悔、感謝、回饋是開啓宇宙能量的三大法則，它不在乎你的宗教信仰爲何，古人稱這股能量爲「道」，「道」是宇宙自然本體，可以與你的人身相應，不管你是什麼膚色、什麼種族或是什麼宗教。

我給了朋友一個合理的解說，使他暫時能稍稍釋懷並持香奉拜。而此時玉皇大帝告訴他的是，他的祖業未清，祖先受苦渴望獲得救贖，相對的也影響了他現在的工作事業。

由於是甚熟的朋友，因此稍稍知道他的家世背景。他是個遺腹子，還沒出生父親就因爲墜機身亡，母親帶著他改嫁給父親生前的同事，出生後繼父仍然讓他保留原姓，栽培他長大成人。面對僅知的身世背景，實在很難知道他的祖先是在受什麼樣的苦？需要什麼樣的救贖？尤其對他來說，生父的姓只是一個代號，除此之外不具任何意義，更別說逢年過節祭祖、上墳的禮俗。

但事有湊巧，有一天他到我家中，與父親談起這段往事，年老但記憶力驚人的父親，彷彿想到什麼事般的問起他的生父姓名，並且明確的問他的父親生前是不是空軍飛行官？

他一一點頭稱是之後，父親才說起半世紀以前的往事。父親說，他的生父墜機那天，父親剛好在機場與友人聊天，聊到一半聽到有人大喊：「掉下來了！」父親聞聲趕往失事現場，眼見一架米格機烈火熊熊的燃燒著，滅火隊佇立附近卻不敢前往撲火。這時火叢裡跑出一個渾身著火的駕駛員，他痛苦的哀嚎呼救，但大家卻都束手無策，眼睜睜的看著他被烈火燒死，這個駕駛員在父親的對照下印證是他的父親。

我們聽了父親的一番話，頓時鴉雀無聲，造化果眞弄人，朋友臨近半百，對自己的父親完全一無所知，卻在一面之緣下，被一個八十多歲的老人一語道破，更叫人稱奇的是在拜神之後，鬼使神差的讓他與父親相遇，並獲知他父親臨終前的最後一幕竟是如此悲慘，他難過的低泣不語。

事後，他私下跟我說，他的人生走過一半，什麼雄心壯志都別提了，如果可能，他想幫他從未謀面的父親做一點事情，迷信也好、盲從也好，被活活燒死的父親想必一直都是痛苦不安的，所以，他問說有什麼方式是可以讓亡靈安息的。

對我來說，讓祖靈安息仍然必須透過神的能量療癒，於是我建議他以求神燒紙錢的方式，讓他父親痛苦的靈體記憶能夠得到修復，修復之後自然能得到所謂的「解脫」。

很多燒過紙錢所發生不可解釋的事情，大部分的人都願意以神蹟做爲最後的理解。神蹟無所不在，充斥於各種宗教說法間，也存在著許多的見證者。但拜神補運求解的儀式中，它讓我們感受到的是「神蹟的速度」，大大減少等待神蹟的時間。

在寫作的過程中經常也會抽空幫朋友辦一些事，一位上海國營企業的副座，由於近年來單位的業績每下愈況，逢神必拜的他也參與了我的拜法。某次，紙錢燒到一半時，公司打來電話要他回去參與開會，於是他開始擔心公司是否因爲經濟不景氣而決定裁撤部門，我安慰他現在正蒙神庇佑中，不會遇到這種吃皮蛋的事情。但他依然忐忑不安，紙錢燒好後他匆忙的返回公司開會，下午五點多傳來簡訊說，公司擢升他爲公司總經理，在文末他特地叮囑我，現在更爲任重道遠，要急急如律令幫他安排後面的三赦和三庫時間……

神尊之所以爲神尊，是因爲祂的高瞻遠矚遠遠超乎你的人腦判斷，而只要你的心與祂相繫，受祂的眷顧則是必然與迅速的。

父親被火吞噬的朋友也是一樣，在他決定幫父親辦理救贖的前一晚，他夢到了他從未謀面的父親，夢裡的父親輕柔的撫摸他的背，他側著身看不見父親，但他卻清楚的知道父親來了，他不敢轉身怕驚動父親，只是裝睡感受著父愛的溫馨。

辦好之後他再也沒見過父親入夢，但他相信父親已經得到救贖。一開始他的確很盼望父親顯靈入夢，告訴他已經得到圓滿，甚至期待父親在夢裡稱讚他一聲好兒子，但安息的靈魂卻從此幽魂飄杳。不過從後來發生的幾件事中，他確認了父親的確已經得到解脫，一是在朋友的介紹下，他進入一間大公司成爲老闆的特助，這雖與他一直想獨自創業的理想相去甚遠，但他已經認清了大樹底下好遮蔭的事實；而更重要的是，他的癌症腫瘤已經獲得有效控制，全家人重拾歡樂笑聲，最後他語重心長的爲他現階段的人生下註解：千金難買家人笑！

2、祖先墓穴下落不明

除了祖先雙姓之外，另一個問題是祖先的墓穴經過遷徙或是戰亂之後下落不明，甚至子孫信仰的宗教倡導不拜祖先，以致多年之後祖先墓木已拱，而子孫卻不聞不問渾噩不知。

祖先是子孫的血脈淵源，沒有祖先就不會有我們子孫的存在，儘管你學會了洋派作風，認爲世上就你孤獨一人，死亡之後你的主會來接你上天堂，或是你的神會來接引你去過好日子。換個角度思考一下，如果你是一個富有的人，買下豪宅以及一整倉庫的魚翅燕窩，你最想與誰無條件的分享？假如你身爲父母，肯定是最想給自己的子女，難道你會把鄰居的小孩接來享受你的成就，而把你的子女晾在戶外？

就關係的親疏遠近來說，祖先和子孫的距離是最直接也是最近的，神或主與你的距離就好比社會福利機構與流浪漢的角度，不肖的子孫妄自菲薄，對祖先不予理會卻夢想他人的神佛會來救贖你，探究原因主要還是出在人性本貪的關鍵上，不安頓祖先卻一心巴望法力無邊的神佛耶穌會讓你心想事成。

在很小的時候，不識字的媽媽在日常生活中就一再地對我耳提面命，她說，沒有祖先就沒有子孫，神可以不拜但祖先一定要拜，祖先比神還要大。五十多年來媽媽憑著這樣的信念，逢年過節她一定備滿牲品敬神祭祖，做爲一個無知的女人，媽媽的觀念勝過學富五車的人；做爲一個嫁進門的媳婦，她無愧於我家列祖列宗，每次持香祭祖，她永遠把一家老小的名字滴水不漏的唸一遍，並且要祖先顯靈庇佑每一個子孫，但她卻從不提她自己，但我深知祖先若然眞的有靈，會先庇佑的鐵定是媽媽。

有一年媽媽感染風邪，夜裡咳到無法睡覺，她夢見她從未見過面的婆婆（我沒見過的奶奶）坐在她的床沿，她的公公（我沒見過的爺爺）則站在婆婆的身邊，兩個人用心疼的眼神看著媽媽，奶奶輕撫幾下媽媽的頭，好像告訴她別擔心似的，後來沒多久咳了一個多月的風邪也逐漸的痊癒。

人們總是擔心自己不夠富有，賺得不夠多，天天盼望著好日子快快來，窮神衰神快快走，於是廟宇殿堂、荒山孤墳，香燒不停嘴巴念念有詞。但是身為中國人，對於淵遠流長的祭祖文化卻視而不見，好比古時候的陳世美拋棄貧窮父母糟糠之妻，急於攀龍附鳳一樣，就算神仙想幫你，看你這樣不忠不孝，人家還是會把手伸回來再考慮一宿。

一位上海媳婦一年內連續懷孕兩次，但最後都不幸流產，她來問我是不是有什麼東西卡到，讓她無法順利結胎。我帶她去廟裡問的結果是因為她的婆家沒拜祖先，問她為何婆家不拜祖先？她說婆婆信了一個日本神教，說祖先死後變鬼不能留在家裡，應該把祖先牌位燒掉，婆婆深信不疑，並決定以後再也不逢年祭祖，把一切交給日本神就好。數年下來家道逐漸中落，兒子在一次意外中車禍喪生，上海媳婦的丈夫也幾度事業停擺，在廟中她得到這樣一個結論後，她把無法順利懷孕的問題歸咎是婆婆的錯，異想天開的說，如果她跟她先生離婚，是否就可以避開祖業的災難？我說這是可以的，但你的小孩就會變成私生子，按古代講法就是黑五類！

媳婦是以外人的身份進入一個家族內，身繫興家旺族或是敗壞家族的重責大任。上海媳婦、上海婆婆上下兩代荒謬的想法，難怪家族正在衰敗中也是可以理解的。後來我索性把媳婦的責任說清楚，她似乎也能聽得懂，於是我建議她先把家業的事情排開，畢竟她上面還有公婆，即使她同意這個觀點，但她也沒有能力可以改變現狀，只好先求自保讓自己未來能夠順利的懷胎生下小寶寶。事隔數月之後，她又再度懷孕，已經四個月過去了一切看來都很平安，可見當時幫她辦的「祖業排開」應該是有相當程度的幫助。

現代人很容易罹患不孕症，有的人推測是再製食品吃太多，或是吃了過多摻有化學藥劑的食品之故。如果經過醫療之後仍然無法獲得充分的改善，有時往玄學的方式去思考，或者也不失爲一條解決之道。惟玄學之道良莠不齊，也只能看個人的造化是否能得遇貴人，不過若是眞心誠意請託神明，按照處理家業的方式去做，不但可以免去被欺蒙詐騙，也能夠從中找到拜神的樂趣以及不可思議的神蹟。

中國文化大革命時講究一個人的出身必須「根正苗紅」，把這樣的說法套入祖業的概念裡也是如此，只是除了根正苗紅之外更要「正本清源」，才是會讓自己或自己的家族興旺的最大關鍵。

對於早期經歷戰亂，祖先墳場早已下落不明的家族來說，要整理祖業、祖靈是相當困難的事情。例如有位叫小豪的年輕人，全家一半以上的人都罹患癌症，連他自己也不例外，而當時的他卻只是個未滿三十歲的年輕人。經過雲林海清宮包公祖的指示，原來是他的曾曾祖父在一次意外中，被姻親牽連致死，死時據說至爲悽慘，甚至被姻親分屍棄置於荒山野外。得知這件事情之後，一開始大家也都半信半疑，但一週後含冤待雪的祖靈竟然附身在小豪媽媽的身上，娓娓泣訴他當年的慘狀。

原來他是被他的姊夫借錢未遂憤而起殺意，之後草草葬在深山裡。小豪他們爲了確認此事，還前往戶政事務所調閱資料，巧合的是日據時代留下來的户籍資料詳細載明他的祖先的名字，而在備註欄中也寫下「失蹤不詳」的字樣，證實了附身在他媽媽身上的祖靈，應該是千眞萬確的事情。遺憾的是曾曾祖父當年被棄屍的地方，現在已經變成一條公路，屍骨早已無存更遑論要爲曾曾祖父重新安葬。

在無法迎回屍骨奉金的情況下，這件當年的「冤案」在整裡的程序上，只能先告御狀再安祖靈，於是他們在家擺設神台，連續七天七夜燈火不滅香煙不滅，不間斷的上疏玉皇大帝，接著又是到包公廟擊鼓申冤，如此大費周章的耗時數月，終於讓這件事得到圓滿的解決。所謂圓滿的解決並不是所有的人都看到事實的眞相，而是在經過一年多的時間考驗中，家中原本罹患癌症的人，都能在治療中獲得有效的控制，而最離奇的是小豪，醫生竟然宣佈他的癌細胞不但沒有擴散，甚至已經完全消失。

很多遇到相同問題的人，只要看到他人問題獲得解決，便心生羨慕希望自己也是其中的一位幸運者，但是我常覺得「幸運」並不是來自你的守株待兔，而是必須靠你堅強的信念以及執著的行動力。小豪一家做的「救祖靈」一事，複雜的程序超出一般人想像，當時一家人也都齊聚開會商討，而他們遇到的最大瓶頸，就是這件事情所產生的紙錢費用，這是對他們最無奈的考驗。試想全家一半的人都是癌症患者，家裡的積蓄早已因爲醫療費用耗損一空，吃飯都成問題更遑論動輒數萬的紙錢！一度他們還因此否決辦理，但是小豪的媽媽卻獨排眾議，她對此事深信不疑，要全家人拿出信心把這件宿世沉冤處理清楚。在她的堅持下，全家人終於決定一起同心協力，使得往生者得以長眠九泉，生者得以福壽安康。

一般人由於不具備法師的問神能力，因此不容易在膜拜中獲知祖業中所發生的事情爲何，但是一般基礎的安祖靈、修祖靈，如果能夠持續的去做，所得到的效果也是很大的，而眞正的關鍵只在於你是否願意去嘗試，並且相信神威顯赫的能力。

處理個人業力補財庫

個人的業力影響所及，通常是來自先天的問題居多。所謂「先天」，是指過去世的問題在今世爆發的結果，傳統的說法就是「業力病」，既然是「病」，為何又跟「財」有關係？一般人所謂的「財」通常聯想所及就是指錢財、房地產等等外在的物質，然而這裡所說的「財」除了物質以外，也包含擁有健康的身體，因為真正最大的財富是健康，而不是身外之物的錢財。

健康也不純然只是指你的身體健康檢查表而已，它還包含個人的精神能量是否穩定安祥。現在的醫學的確很進步，但許多精密的醫學檢驗器材，也只是更準確的找出肉體的病症，但是精密的科學儀器卻很難檢測出病因或是精神體、意識體的問題，而使得很多人總覺得自己有病，但是檢查時卻又沒問題，這種情形比比皆是。有時我就會戲稱這種現象為「靈體逼迫症」，也就是說陰陽兩個板塊，因為能量不協調而產生互相推移的現象，就像地震原理一樣，身體裡面的小宇宙因為業力碰觸，產生體內的陰陽兩個能量板塊互相推移擠壓。

這種狀態可以用身體裡的紅血球與白血球來比喻，白血球的功能是抵禦外來的病毒，紅血球負責製造血液。紅、白血球的數量如果處於平衡狀態時，人的身體就容易健康不易得病，如果白血球過多時，它就會以它強大的組織力吞噬紅血球，造成貧血現象，中醫便說這是陰虛現象。如果紅血球過多擠壓了白血球，一個人的免疫力就要下降，容易受外在病毒感染造成身體不適，中醫上便說成是陽亢。因此，我們可以知道人身的病痛是來自體內的抗衡，以及對外在環境的抗衡。

用在陰陽理論來看，身體陰陽失衡，就要產生疾病；身體陰陽失衡之後又要面對外在環境，則要產生破財的危機。所以說一切肇因都源於陰陽不平衡，而失衡的陰陽則破壞了「財」的結構——健康與金錢耗損。

陰陽與財的失衡，除了祖業之外，另一個重大原因是來自個人的業力使然。所謂的「個人業力」是指家庭以外的業力作用，例如學校、職場、社會中的人等等的角色與你所產生的業力結構，其中有相互合作的、有互相陷害的、有樹大招風的、有得人疼惜的……含括了業力的全部——冤業與福報。

在蘇州開設皮革廠的蘇老闆，每一年最頭痛的問題是房東吸血鬼似的漲租，二十年下來房租已經佔了他的營銷成本很大的配比，加上這幾年營運不佳，房租的壓力猶如雪上加霜重重的壓迫著他。每一次房東找上門，他都要佯裝回台灣度假，但仍舊阻擋不了來勢洶洶的房東，壞心眼的房東使盡各種辦法，斷水斷電找無賴……

問他爲何不乾脆遷廠？他嘆了口氣說家大業大，說遷就遷也非易事，況且長久鬥下來也已經習慣了，換一個新地方又得適應新房東的戰術伎倆也很累，所以十幾年下來彼此糾纏，倒也發展出一種不離不棄相看兩厭的異類感情。說直接點，房東不來煩他，他心裡還眞有點不痛快！眞格是對前世冤家，蘇老闆說的一陣無奈苦笑。

去年夏天蘇老闆從朋友那裡看到拙作《好神引導，一拜見效》，嚷著說他也要去接引導神，我勸他先把他的個人業力化清吧，起碼把房東與他的業力轉化，大家也才有好日子過。蘇老闆從善如流的開始著手辦業力，回台灣攜帶大量的紙錢到蘇州，再舟車勞頓的運到昆山天后宮，如此做了三趟，在時間流逝中他也明顯的感到房東的變化。年租快到期時，按理房東是會風塵僕僕的出現在他工廠裡，但今年卻有點奇怪，已經過了時間卻還不見房東那副慳吝的尊容出現。

蘇老闆正在暗自稱慶神威顯赫時，房東剛好出其不意的出現，他心下一沉想著該來的還是躲不過啊！豈知房東一開口竟然不是提漲租的事情，而是跟他說，他瞭解蘇老闆這幾年營生不易，他也花了好多時間幫他留意客户，前幾天一位同鄉來找他，是個做皮帶買賣的，他一看機不可失就跟同鄉介紹了蘇老闆的皮料，同鄉一口答應，所以他今天來找蘇老闆就是來協調雙方見面時間的。

蘇老闆一聽，心裡開始發愁，房東不提房租卻跟他談起生意，按照他對蘇州人的瞭解，肯定抽佣金比房租更驚險啊！他還來不及說出心裡的想法，房東已經大義凜然的開口說，他不拿佣金的，純粹是義務性幫同鄉也幫幫房客，他覺得不能老是年年提漲，他自己雖然多賺個幾千元人民幣，但他也不能眼睜睜看著房客一家人餓死，所以他毅然的決定情意相挺。

經過蘇老闆的再三確認後，他才放下心來和房東談後續的事情，此後他的口頭禪變成：「我還需要化什麼業力？」

這一對房東與房客的小花邊，算是在業力事件中，帶點喜劇效果的。但是不管你所面對的是喜劇還是苦劇，抱著虔誠的心請神化個人業力，效果都是一樣讓人嘖嘖稱奇。

來中國二十多年的蘇老闆，不論在思想或行動上，幾乎已經被大陸同化，唯獨不變的是一口濃濃的台灣腔國語，他讓我想到分別在台灣、大陸帶朋友去拜拜，有時都有種錯覺，以爲大陸的神比較靈，因爲很多時候都是正在拜的當下，就產生了讓當事人無法解釋的神蹟。

例如一位上海小姐，來廟裡求神之前，她的寵物小狗已經丟失好幾天，在燒紙錢時，卻接到社區的管理員的電話，要她趕緊回家，鄰居已經把她的小狗送回去了。對愛寵物的人來說，丟掉了心愛的小狗比天塌下來更慘烈，她沒法想像怎會尋獲小狗和拜神是同一天發生？此後，她對於要辦的事情都顯得興趣勃勃，甚至還直問紙錢需不需要再增多？

我一度曾以爲大陸神比台灣神靈驗，但後來仔細思考後，卻發現並不**是神靈不靈的問題，而在於人性多不多疑**。中國宗教信仰目前還處於半封閉狀態，中國人甚少接觸，但一旦接觸後感受到神恩便深信不疑，信念或信心變得很堅持。而台灣人宗教信仰相當自由，人們可以自由的東問一個法師西問一個靈媒，一件事情問多了，得到不同的答案，心裡的信念就開始猶疑搖動，最後不知該信誰而把自己搞得腦神經衰弱。

其實，該信誰？以我來說，我相信人會騙人，但神是不會騙人的。一切的問題我都是以神爲依歸，一切的解決都是請神出面作主，這樣會使得事情的複雜度傾向單純。但唯一的關鍵是你的心必須是十足十的相信，你的明意識要很清楚的知道你要請神幫你處理什麼事？你希望神如何透過祂的功德力幫你圓滿什麼事，把事情說明白了，眞心的祈求，哪有不應的道理？

單純的大陸人在感受神恩有利於他之後，積極的想加大尺碼更奮力拜神，一心求取成功。猶豫的台灣人卻會認爲燒紙錢很貴，自己都吃不飽了，哪有錢燒給神？憑良心說，這兩種思維都有失偏頗，在量力而爲的拿捏下，事實上可以採取溫和中庸的作法，以求取陰陽的平衡。過於龜速或是過於躁進都不是好現象，但兩者所顯現出來的心態卻是成敗、靈不靈的關鍵。因爲絕對的信仰、信任，使得大陸人在拜拜的過程中便能體現出神蹟，因爲過於躊躇、猶豫，使得台灣人（某些）在拜神之後卻必須苦等奇蹟。

之前有位讀者在我的部落格埋怨，他說我寫的紙錢數量買起來要花兩百多元，他覺得太貴了，反問我有沒有更便宜的紙錢。我只能反問他花一百元的紙錢，你想求什麼？現在台灣很多廟宇都鼓勵大家環保不要燒紙錢，但卻沒有一家廟宇阻止信徒捐香油錢，站在神爲眾人之神的立場，相信慈悲的神不是這樣當的，拜神是一種善意的交易平台，神只是你與業力間的協調者，什麼紙錢都不給人家，你叫神怎麼幫你協調？又要馬兒好又要馬兒不吃草，要不神讓你當看看。

人們常常會覺得：我不過就是請神保佑我，但為什麼還要花錢買紙錢化業力？

要知道「業力」是就是你虧欠人家的，現在你即將有好運進門，被你虧欠的業力怎能不擋在前面，還讓你有好日子過？

說的正式點，就是「財」怕髒，如果你身上沾滿業力催索的穢氣，財運是不可能進來跟你合為一體的！這時你得請神幫你排除業力，神很樂意這麼做，但畢竟是你的業力不是神的業力，神佛不破因果，縱使神再法力無邊，這筆帳祂肯定也是不能幫你還的！自己做的還是要自己面對，神有時除了賜你好運之外，大部分的時候祂更指望教會你面對自作自受的勇氣。

在神的面前，我們是渺小的，但卻不是小孩子！小孩子做錯事只想讓大人承擔，神希望他的孩子有一天變成可以承擔一切的大人，而不希望他所庇佑的人是永遠長不大的小孩，這也就是拜神有效或沒效的重點原因之一。

處理外陰防止傷財損身

「外陰」也是屬於業力的一種，只是它不屬於家族業力，也不屬於個人業力，純粹是一種意外使然，而使得自己的運勢不展，或是身體受到不良影響，因此在本書中也將它放進來。雖說「外陰」不甚起眼，也容易招人忽略，但是發作起來時也是很煩人的。

如果說「家業」（家族業力）或「個業」（個人業力）屬於重大疾病，那麼「外陰」就可以視爲一般性的傷風感冒，重大疾病了不起一輩子發生個一至二次，但傷風感冒可是年年會發生的，因此還是不容小覷。

外陰最容易感染的地方不外是陰氣較強的地方，一般可以聯想到的地方是醫院、殯儀館、告別式會場、墳場、教堂、法會會場，另一個較出人意表的地方是夜店或舞廳、飯店等等地方。人間是一個陰陽共容的磁場，當一個人身體的陰陽能量處於失衡狀態時，就容易在以上的地方遇到遭邪淫入侵的機會，通常我們都把這種情況稱爲「卡陰」，就是卡到阿飄的意思。

童年時在鄉下生活，有時尿急了就隨便在路邊水溝，把小弟弟拉出來見光，唰的一聲童子尿灑得路邊野草顫顫發抖，回去之後，到了晚上小GG突然紅腫漲癢，媽媽會笑說是在路邊小便冒犯了正巧在路邊休息的阿飄，這時媽媽就會拿出生火用的塑膠風管，湊貼著小GG吹氣，過個一時片刻腫漲的小GG就又恢復原來的樣貌，小孩子就能不吵不鬧的呼呼大睡了。

別說小孩子不懂事路邊小便冒犯阿飄，連大人也是尿急時就拉下褲子一解方便，不過大人懂得先做好防護措施，要尿之前會先唸一些簡單的小咒語：「大人做事，小孩閃開！」藉著聲音語氣告訴阿飄我要小便了，快閃開啊！比較客氣的說法是：「不好意思，一時忍不住，請給個方便！」

即使到了現在，很多登山客也知道尿急要在山溝方便時要這麼說，避免惹禍上身。

有一次坐在計程車上和司機聊天，得知司機是登山名將，閒談時他嘆了口氣說，世間到處都有不可思議的事情，爲求自保每次他都會在入山前，對著高山先行膜拜一番，意思是說，他雖貪圖名山勝景卻無意打擾山裡眾靈，因此先祈請眾靈寬宥再入山中。進入山中之後，一花一樹他全然不敢破壞，也不敢將山裡的花草任意攜出山外，一切都是爲了彼此相安無事。

他說有一次和朋友去登山，朋友看他對山一陣膜拜，口無遮攔的笑說他迷信怕事，進入山中之後這位朋友突然失蹤不見人影，計程車老闆苦尋不獲後，立刻跪地代朋友對山神道歉，沒多久在反方向的地方，發現暈厥倒地的朋友，急救甦醒之後，朋友對於他的失蹤腦中一片空白，最後的記憶是他跟在大家的後面，他想趕上前去，但朋友和他之間彷彿隔著一道玻璃，無論他如何加快腳程，始終總是和朋友保持遙遠的距離……之後就是他倒地被朋友救醒。

朋友醒過來後，計程車老闆大致的檢查了一下他的傷口，除了衣服撕裂之外，倒也沒有重大的外傷。只是被撕裂的衣服顯得很無法理解，彷彿是被凶猛的動物抓扒過的痕跡，但他人卻又安全無傷，計程車老闆心裡唯一的解釋就是朋友出言不遜，被山裡的精靈修理戲弄。

別說荒山野嶺有外陰，都市鬧區很多場所也存在很多外陰。也就是說，陰陽兩界是同時具存的，別以爲人間只有人，能量的流佈沒有時間的限制，更沒有空間的隔閡，陰陽如果並存於世，那麼天堂與地獄就沒有上下之分，上天堂和下地獄只是一種形容，否則流連於人世間的外陰、鬼魂不就成了非法潛入？因爲人間是陰陽共存的，所以人間有人、有鬼、有神，人介於鬼神之間，秉承著所有業力的流轉，不斷的產生因果循環。

外陰也是如此的流轉著，當一個人的陰能量高於陽能量時，身上的陰能量便會很自然的將外界的陰能量吸附進來，這就是很多修道人喜歡說的「同氣相求」、「物以類聚」的道理。出於能量的本能，同質性的能量體具有聚合的能力，就好像一盆起泡沫的水盆，仔細的去觀察，泡沫與泡沫間會自然的聚合，變成一個更大的泡沫，當累積到一定的壓力時就會爆破再變成小泡沫，然後小泡沫又會自動再聚合其他小泡沫，如此周而復始的無止無盡。

外陰能量也是如此，它不同於家族業力或是個人業力，具有一定的因果關係，而是取決於你自體當時的陰陽比重。當你陰能量強、陽能量弱時，空間中的陰能量就會被你吸附過來，而導致所謂的「衰運」發生。這就好比發流行病毒時，一群人同時存在同一個空間內，有的人身體完好不受感染，有的人卻被感染的頭昏眼花，這一切都取決於你的免疫系統是否健全。同理，靈魂體的陰陽能量如果平衡得當，就不容易遭外邪入侵，反之就要飽受其苦了。

相較於醫院、殯儀館，夜店酒吧也是外陰入侵比較特殊的地方。前不久一位住在上海的馬來西亞人來找我，剛見面時他一語不發，大部分的時間都是說的少聽的多，我看他一臉正氣不苟言笑，也認定他是一位嚴肅、莊重的人。

有一天他來找我，問我如何透過拜神改變他的事業運，起初我覺得很納悶，按照對他的瞭解，他應該是位很成功的室內設計師，但他會提出這樣的求助，顯然他在事業上已經遭遇到瓶頸。於是我趁閒帶他到上海白雲觀奉香參拜，此時，白雲觀的玉皇大帝竟然指示他不要常去夜店，他聽到我這麼說也爲之一愣，在此之前我一直以爲他是絕不涉足聲色場所之人，他反問我爲何不能常去夜店？我獲得指示之後跟他說：那裡有很多的嬰靈要找你當爸爸！這時他整個人彷彿醉中清醒一樣，沉默許久不出聲。

拜完後我們在廟廊邊抽煙，他才憋不住的說，他一個人在上海七、八年，每天下班唯一的消遣就是到夜店激盪一下，即使閒在家中，心中也會浮現夜店的呼喊聲，體內嗎啡自動轉化成夜店的芳香酒精，吸引他離開家門直奔夜店。說到這裡他還認爲一個單身的男人上夜店是很自然不過的事情，也不認爲神的話語有什麼特殊之處，但說到很多嬰靈找他當爸爸時，的確著實讓他嚇了一大跳。

話說大約一年多前，他慣常的醉臥夜店中，昏黃閃爍的燈光中，他彷彿看見五、六個小孩子靠近他，有的拉他手有的拉他腳，他當時十足醉意也不理會夜店哪來的小孩，只顧著昏昏沉沉的睡覺。直到其中一個小孩一口狠咬他的腹部贅肉，他才疼痛的慘叫驚醒，醒來後依然一片人聲鼎沸，只是不見這一群小孩。他問朋友，朋友笑說他活見鬼，他雖沒有辯解，但他心裡始終認定這場酒醉之夢過於清晰得彷如眞實。

如今再聽玉皇大帝如此「指示」，當下立刻喚回一年多前的記憶，往事歷歷在目，怎能不讓他赫然心驚？但話說回來，夜店裡哪來的嬰靈？客人那麼多不去沾，爲何每個都來找他當爸爸？

話說上海的夜店有一些廉價的陪酒小姐，他們都是十多歲的小女孩，從內地來到燈紅酒綠的上海，爲求謀生不惜下海陪酒，少不更事的她們與客人發生不正常的關係之後，若是懷孕往往就是輕易打掉再回去重操舊業，嬰靈跟著媽媽在酒場與酒客之間流連，遇到陽能量低、陰能量高的酒客時，就會自動吸附上去，跟著酒客回家。這位馬來西亞人正是其中的受害者之一，於是我試著提醒他核算下是不是那場嬰靈找爸爸的戲碼上演後，他的事業開始走下坡？他翻著白眼吐著一圈圈的煙霧，最後確定的「嗯」了一聲。肯承認就代表還可以網開一面，於是我帶他去找觀音菩薩，請觀音娘娘大發慈悲，將他身上的嬰靈外陰逐一送往觀音淨土，人雖然不是他殺的，但他也因此付出燒紙錢的代價。

通常卡外陰或是嬰靈，都會有一些蛛絲馬跡可循，例如眼壓異常升高、眼睛酸腫、後背兩肩、腰間、腿、腳踝沉重有重量感，晚上不易入睡白天卻無精打采，這些現象都是屬於卡外陰的初步情況。中級警戒就是人的情緒會無緣無故低落、空虛、心慌、易怒、無鬥志，最後才造成財物、工作事業的耗損。馬來西亞人一開始渾然不知，一年後才從事業不振中開始想透過神力援助，時間流程算下來正符合初級至中級的歷程。

另一個例子就是一位從事舞台劇導演的朋友，閒暇之餘喜歡到各宮廟拜神問事，有一次在一間私人宮壇獲得啓蒙，號稱打開她的先天靈體，在宮主的號令之下，每天晚上到宮廟當乩身替信徒處理事情。兩年多下來，她一心以為她在做好事，但不知為何她的舞台劇工作進行並不順利，一些簡單的事情總要一波三折曠日廢時，而她自己也不知怎麼回事總是覺得全身無力提不起勁。

有一次她突然打電話給我，約見時差點被她憔悴的臉嚇壞！皮膚黯淡無光兩眼下垂，眼瞼泛黑，一見到她這副模樣，我立刻脫口而出，問她去哪裡卡那麼多外陰？她說她哪裡也沒去，只是偶爾去某宮廟「行功造德，救度眾生」。聽她說完換我差點也卡到陰半天說不出話來，我告訴她當乩身是做好事沒錯，但也要量力而為，單看她現在這一副八十大壽的模樣，就已經充分理解她所承擔的業力已經超過她的負荷，再不處理很快就要變成「千年乾屍」了。這些話把她唬得一愣一愣，只是她始終沒聽明白，明明她是做好事，怎麼會變成卡到外陰？

腦殘的人就算耗她三天三夜她也聽不明白，憑著多年的交情不由分說的，先把她拖去地藏王處送外陰再說。隔了兩天後的下午，她打電話來說，從前天在地藏王那裡送完外陰之後，她整整睡了兩天，她說她從來沒有這麼好睡過，睡醒後精神飽滿身體輕盈，眞虧了她兩年來夜夜失眠，她還以爲自己是無敵女超人。

在本書中爲何要特地說明外陰一事？雖說在拙作《這樣拜才有效》中曾經簡單的說明送外陰只是到土地公那裡請土地公作主就好，但如果在不知情的狀況下，任由外陰一再地干擾，時日既久所造成的影響是很難估算的，有時甚至最後犧牲了性命也是常有的事。

幾年前一位朋友獲知他自己遭遇外陰，協調後慨然應允讓四、五百條外靈借用他的身軀，條件是每天要讓他賣出一輛車，兩造雙方取得共識，剛開始他的確成爲超級業務員，但四、五百條外靈如血蛭般的吸附他的身軀，沒多久他也盍然與世長辭，死時不到四十歲。

君子愛財取之有道，拋頭顱灑熱血與魔鬼交易，最終仍要賠了夫人又折兵，不知不覺中卡了外陰尚情有可原，像他這樣以靈魂做交易只爲一時貪欲的人更是大有人在，否則就不會有養小鬼、下降頭、泰國古曼童這些卡外陰的事件發生了。

第四章

如何請求神界能量幫你化業力

- 主宰家族業力的玉皇大帝與西王金母
- 統攝個人業力的包公與地藏王
- 土地公也能送外陰兼補庫
- 觀音淨土專收業力

在拜神請求神威相助時，通常都是當事人無力感最重的時候，憑著他的工作經驗、社會人脈、學歷背景等等條件，已經無法在他的困難點上獲得有效解決，於是才會走入廟堂，祈求神尊慈愍加被。

但是大部分的人只會點上香，或念念有詞或憑空冥想，一味的以爲這樣就能蒙神庇佑。事實上你的祝禱頂多只能說神聽到了，但是靈不靈驗則看你跟祂之間的緣分與關係。主要的原因就是根據「神佛不破因果」的鐵律而來，一切因緣所生都是來自你的因果業力循環，即是所謂的自作自受。種善因得善果、種惡因得惡果，自古皆然，神尊不能因爲你的祈求而擅自改變你與他人的因果關係，否則天地有序的自然循環就會亂了套。

既然神佛不能干預個人的因果，但因果關係又是決定個人此生運勢順逆與否、功成名就與否、福祿壽考與否的關鍵，既然神佛不能干預你的因果，既然你必須自作自受，那麼不就擺明改變因果業力的關鍵在於你自己？而不是在於神威的干預與主導？

本書很有可能是作者在「這樣拜」系列中的最後一本，但也是至爲關鍵的一本，**作者想透露的是當每個人都想托神求財之前，應該先考量一下自己的業力是否化清化明。為何要化清化明？因為「財怕髒」！髒是指業力的依附與催索，使得財無法進入你的運勢軌跡**。所以，求財求神之前勢必要先將前面所說的各種業力轉化清除，如此一來，你的財才不會變成過手財轉眼成空。

在因果業力的轉化過程中，主角是你，而神是協助者，也就是說，如果你不認同業力的存在，神對你的幫助如果不是愛莫能助就是一時之助，因此，終究徹底解決的方式就是轉化你的業力，所以說：業力不走財力不來。

而神要如何幫助你化清業力？這裡要注意的是，**神是用他的神威及功德，幫你轉化業力而不是消滅業力**。在神的國度裡，祂對你的幫助並不是讓你成讓他敗，而是憑其神威讓你們彼此之間都能各取所需，以彼此之間都能圓滿爲前提。因此，不是消滅業力，而是幫你消滅業力對你的怨尤、幫你拔薦超昇業力的靈格，使它不再對你催索。在此一前提下，人們應當抱持感恩、羞愧的心請神尊相助，而不是理所當然的認爲神應該要幫你這忙。天下之大人如蟻眾，神可以選擇有心懺悔、堅持改過的人幫助，卻不一定非幫助過河拆橋、見利忘義的人不可。

主宰家族業力的玉皇大帝與西王金母

在對眾神的信仰之中，我們習慣以玉皇大帝爲父、以西王金母爲母，不管神學歷史的信仰如何變遷，至少在現階段中個人要辦理家族業力祈求開運時，都必須先獲得玉皇大帝或是西王金母的同意。

爲何要獲得祂們的同意？主要原因有二：一是基於禮節稟告太祖；二是請祂們決定在繁瑣的家族業力中，應該從哪裡先抽絲剝繭，才能對應當前的問題予以徹底解決。

請示的時間也是有講究的，一般都是選擇在五臘日（請參閱農民曆）的日子，備妥四品禮物入廟拜請玉皇大帝或西王金母，以其神威開赦祖先業力，以下列的四品禮物徵詢獲得聖筊之後，再擇日前往地藏庵或是包公廟辦理祖先家業，辦完要記得再回到廟裡稟告答謝。

在五臘日前必須先備妥以下四品禮物：

一、準備事項

1、鮮花一對、五果一份。
2、廟金十二份。
3、請求開赦家業禱文。
4、赦祖先業力四品表。

二、說明

例如，到玉皇宮請示開赦家族業力，可先用黃紙（A4）紅筆書寫如下禱文：

奉香拜請玉皇宮　玉皇大天尊在上，弟子王小明民國七十一年農曆八月八日吉時出生，現居中華民國台灣省台北市大吉路一六八號八樓，今日良辰吉時誠心奉稟聖尊，祈求神威顯赫開赦家業因果，若蒙神恩加披恩賜三聖筊得獲聖裁，今後必當以聖尊之名行功造德答叩神恩。

弟子王小明百拜上申

中華民國一〇一年十二月八日吉時

經三聖筊同意後，即可取出已經預備好的赦家業四品禮物請示，如下：

開赦家族業力四品表

品名	數量	品名	數量
大箔壽金	二十支	甲馬	六十支
刈金	三百支（一包有十支）	庫銀	六箱
壽金	一百支	銀元寶	六百個
福金	三百五十支	壽生蓮花	一〇八朵
大銀	四百支	往生蓮花	二一六朵
小銀	兩百支	帶殼龍眼乾	一〇八顆
黃錢	六十支	麵線	十二把
白錢	六十支	葷、素菜（備碗筷六副）	十二碗
巾衣	一百二十支	白米酌量	約一盤

注：以上述的數量擲筊請示增減。

經應允後到地藏庵或包公廟辦理時，應以黃紙紅筆書寫，出具稟文如下：

奉香拜請　地藏王（包公祖）在上，弟子王小明民國七十一年農曆八月八日吉時出生，現居中華民國台灣省台北市大吉路一六八號八樓，今日良辰吉時蒙玉皇宮　玉皇大帝指示，到本廟（宮）誠心奉稟聖尊，祈求神威顯赫開赦家業因果，令祖先家業轉化圓滿，祖先蒙恩拔薦超昇極樂，若蒙神恩澤披家業圓滿子孫有成，今後必當以聖尊之名行功造德答叩神恩。

今日奉諭備辦四品敬請鑒納：

（以下書寫上表四品禮物）

上呈

地藏庵　地藏王菩薩
玉皇宮　玉皇大天尊
慈聞
弟子王小明百拜上申
中華民國一〇一年十二月八日吉時

注：所備紙錢仍要逐一擲筊，確認數量增減。

三、奉拜程序

1、在天赦日上午備妥花果去求見玉皇大帝或西王金母。

2、到廟後先把花、果、十二份廟金置放在供桌上。

3、點香，按照廟中的各神尊循序拜一次。拜時要向眾神稟明，你今天是來請求玉皇大帝或西王金母開赦祖先業力，祈請眾神庇佑事事圓滿事事順利。

4、全部拜好後，再點十二炷香到玉皇大帝（西王金母）面前跪拜，同時將稟文取出唸禱，唸完擲筊。若是三聖筊，則代表神尊同意幫你處理。

此時將十二炷香插於香爐，再回去跪在神尊面前，開始請示開赦家業的四品禮物。先全部唸一遍，唸完擲筊，一次聖筊即可。

若是沒有聖筊，則代表某些紙錢不夠，必須逐一請示。逐一請示完後，再依照增加後的數量，全部唸一遍，請示四品禮物是否圓滿，一聖筊即可。

5、若是沒有三聖筊，通常主要的原因是你語焉不詳，此時靜下心重新整理語彙，務求簡單、清晰、易懂爲主，三聖筊獲允後再回到前面的

「步驟4」請示。

6、請示完後再三跪拜，即可去燒十二份廟金叩謝，再收拾果品離去。

四、辦理赦家族業力步驟

要去地藏庵或是包公廟請求辦理家族業力時，並不限要哪一天去，只要時間安排好隨時都可以出發，只是時間最好是在上午八點以後至下午三點以前。去的時候仍然要記得帶花、果表示敬意。

以下爲請託辦理家業的步驟：

1、將花果置放於供桌，紙錢如果很多就不要放桌上。

2、點香先朝廟門外拜，拜時要唸：

奉香拜請玉皇宮 玉皇大天尊在上（要把請託的玉皇大帝或西王金母請來），今日良辰吉時弟子奉諭前來地藏庵請託 地藏王菩薩（包公）辦理家業開赦，祈請神威顯赫庇佑今日諸事圓滿順利。

3、入廟再拜主神地藏王或包公，口誦：

奉香拜請 地藏王菩薩在上，弟子王小明民國七十一年農曆八月八日吉時出生，現居中華民國台灣省台北市大吉路一六八號八樓，今日備辦四品禮物誠心恭請 地藏王菩薩作主辦理家業開赦，順頌神威顯赫香火鼎盛千秋萬世。

4、拜完主神一樣要到其他配祀神處參拜稟報，祈求今日所辦之事能夠順利圓滿。

5、全部拜好後再將預備好的稟文取出，點上六炷香到地藏王面前跪稟，並取得一聖筊。

6、拜謝後在每一包紙錢四邊、蓮花上蓋印章或手印（男左女右），即可拿去奉化。

7、奉化完成再到神尊前合十道謝即可。

玉皇大帝和西王金母的來歷，在民間有很多傳說。有一說是玉皇大帝是在唐朝之後才受唐朝皇家大肆宣廣而來，大唐以前以老天的兒子（天子）自居的漢朝，是奉眞武大帝（玄天上帝）爲父，開唐之後爲做區別，玄天退位改認玉皇爲天爹；而西王金母據山海經傳說，爲西山精怪每多危害，後來百姓奉祀後則佑國護民深受萬民愛戴。

而在靈山一派的宏觀中，將每一個人都視爲同一個家族或家庭的人，並以玉皇大帝爲父、以西王金母爲母，在這廣大的歸屬下，每個人都可以請求二位神尊化解家族業力，就好像家中的事情請族中的長老定奪一樣。也因爲玉皇大帝、西王金母被視爲宇宙間的兩道精純之氣，因此可以將受難的家族業力予以能量灌注，使之陰陽平衡福澤子孫。

而另一個神話傳說則依附在封建體制下，咸認玉皇大帝爲封建時代歷朝有功勳的皇帝死後被拔昇爲帝，因此一尊玉皇大帝的神像裡，可是「藏」有歷任皇帝之靈，因應不同的緣分爲眾生解憂脫苦。西王金母也是一樣，據說是歷任有功德的皇后所拔擢，但又有一說是「王母」而非「金母」，無論如何神話總歸是神話，心誠則靈貫徹始終，始終是「這樣拜才有出頭天」的八字眞言。

每一個家族都自有一個家族的辛酸血淚史，辛苦是說不完的、業力是層出不窮的，以致於後世子孫在心有所感之下，必須請託神尊度赦家業因果，務求業力平反子孫榮昌，因此，本節所寫的家業赦法，僅是針對一般家業問題請求神尊協助。

但請別小看這樣的赦法，雖然並非針對家族業力的個別事件予以處理，但往往小兵立大功，一旦開始了入門初階，家中的祖先便能開始獲得神能灌注，並開始透過各種可能，指引家中的子孫該如何進階處理祖業問題。而對一般祖業問題不大的家族來說，常態性的自行辦理祖業開赦，往往也能得到意想不到的神蹟。

常有朋友問我，拜神及拜祖先哪一種的效果大？一開始我便覺得這個問法是不對的，因爲他把拜神或拜祖先的企圖心擺放在自我利益的考量上，這對拜神或拜祖先來說，絕對是一個錯誤的契機。而因爲這種不正確的觀念，也促使他在拜神的過程中無法快速的感受神蹟。

若說神與祖先孰大孰小，基本上是不該這麼區分的。但就我個人而言，沒有祖先的血脈相承又怎會有我們後世子孫的存在？硬是要兩者只能選其一，我肯定是先選擇敬拜祖先爲先。在祖先福蔭子孫的基礎上，以功德榮耀祖先，祖先獲得子孫的功績必定會施福於子孫；相反的，若是祖先無功無德，子孫也不該埋怨祖先，而是應該當機立斷先救祖業爲先，然後再累積功德使得祖先得度超昇，後世子孫也會因此風生水起展現新機。

然而有些宗教卻教人不需敬拜祖先，要以該宗教的神祇爲尊。有個朋友說他的婆婆信了一個東洋教，教主說只有他們的神最大，要每一個信徒回家把祖先牌位燒掉。無獨有偶的，另一位朋友說，有位居士告訴他，神屬陽爲大，祖先屬陰爲小，因此擺放祖先牌位時，必須將牌位斜放以符合陰陽之理，這樣才能獲得神佛的庇佑。

他們都問我他們面臨的事情正確與否，我聽後總是無言，無法置信教育普及的現在，竟然還有人不辨眞假信邪倒見，而這一切的疑慮始作俑者不正是自己那顆貪婪的心，企圖妄想獲得非分之財，而疑惑是否要放棄自己的血脈及親緣？爲了讓自己圖利一時而盲從術士之說，想來實在讓人甚覺可悲。

統攝個人業力的包公與地藏王

宗教家喜歡說萬事萬物皆因緣所生、因緣所化，但身爲肉體凡胎的我們又怎知我們這身軀殼是怎麼生怎麼化來的？與他人之間又有什麼恩怨情仇？不知其所以然，卻要每一個人瞎忙唱和，最後弄得人仰馬翻疲憊不堪卻無所成就。

拜神燒紙錢並不是迷信的事情，人會迷是因為心盲，人會心盲是因為有欲望卻又不願面對自己的過失，導致產生掩耳盜鈴的心態，企圖透過神力欲蓋彌彰，於是產生了迷信的信仰力，同時也製造了有心人士有機可趁的機會。

在因果業力輪迴的前提下，宇宙的能量呼喚並非來自宗教本身的教義，而是宗教的教義在發現宇宙的能量之後，透過教義傳導給每一個人，因此，在先有雞或先有蛋的爭議中，顯而易見的是宇宙之能遠在宗教之前，宗教先人一步發現宇宙之能，於是創宗立教將宇宙之能據爲己用，並且大肆宣揚其教義，於是數千年沿襲下來，人們習於教義文字，卻忽略了宇宙之能遠在宗教之前的事實。

同理而言，輪迴一事也是在教義開始之前，即在宇宙的自然機制下自由運行。因此，大家必須釐清的是輪迴、因果、業力是始發於教義之初，而不是有了宗教才有了因果輪迴。有了這個體會之後，便能瞭解宗教之神乃是攫取宇宙之能而命名，如耶穌、阿拉、佛、道祖等等的名稱。不能否認的是宗教教義的確盡到了育化人心的目的，但轉化因果果眞只有一條不二法門？要推翻這個強迫性的答案，恐怕得每個人在明辨事理中去找出蛛絲馬跡。

因此，個人的業力問題所影響的層面，按照以上的道理，基本上是可以從「法」的方向尋求解脫，而不見得要從「教」的角度入手。所謂的

「法」就是引入宇宙能量，使我們個人的陰陽能量趨向平衡，而被假借爲「法」的神像，則是我們訴求解脫的門檻，憑藉祂們的宇宙能量平衡我們的身心，帶領每一個人穿越時間與空間，徹底處理前世的因果業力，而讓每一個人的今生，都能夠身心安頓的以有用之軀行功造德，爲來世之福努力耕耘。

佛經上不也說「人身難得」？既然是難得的人身，又爲何要因爲業力問題，要終其一生受苦受磨？即使人身受業力折磨一生，命終之時誰又知道業力是否已經消失殆盡？與其如此，不如請神找出你今生無可迴避的業力，再用你的誠心、懺悔心、行動力，請神以功德協助你盡早清償業力（注意，不是清償累世業力喔！）並以神威功德先助你一臂之力，未來再行功造德回饋神恩。如此一來陰陽互蒙其利同登聖境，這不就是心生喜悅輕鬆愉快的人生？

「個人業力」顧名思義就是發生在每一個人身上的不同故事，例如前世業力、嬰靈、黑令旗等等，而產生大同小異的結果諸如：健康、事業、財運、感情等等的障礙。而這些問題的解決方式，在資訊多元的現今方法散見各處，有教人念誦咒語、佛號，也有教人打坐養心，或是透過前世今生的回溯自我催眠者。而在本書中，還是要提供大家燒紙錢請神作主（祈請宇宙之能）的方式，一來自勵自發策動自己的靈性，二來在持續的行動中，一方面懺悔己過二方面感受神恩三方面再接再厲行功造德，使自己從當下到未來都能受自己所栽植的福田眷顧，從此不再受業力之苦。

持續寫了數本拜拜書之後，從最開始的簡單撰寫拜拜開運求財的方法到現在，與之一起成長的讀者們應該會逐漸的發現，筆者在每一本書中，都企圖引領大眾進入功德、福報、業力的核心，而不只是膚淺的介紹大家燒紙錢求取一時苟安的好處。爲何要如此一再的撰寫？主要還是希望大家在拜神的同時，不僅僅只是追求表面的欲望滿足，而是應該更深入的尋求福報圓滿。

每個人都在追尋永恆，但永恆的起點永遠都在當下，只是信心不足的人看不到自己已經站在永恆的起跑點上。永恆代表時間與空間的寧靜，但並不代表停頓，因此，屬於你自己的永恆就要靠你自己去創造，而不是依賴某某大師或是某某高僧大德，畢竟你自己才是永恆的軸心所在。

以上的敘述是有次在地藏庵遇見一位比丘尼，我們短暫交談的結果。當時比丘尼戴著帽子，手上拿著《好神引導，一拜見效》的書，低頭逕自擲筊請示，被我無意間瞥見，於是上前與之攀談。比丘尼認出我之後，才眞實的告知她的出家身分。她說她三十五歲出家至今五十餘歲，當時她會出家是因爲家中環境否變，丈夫因躲債下落不明，而她也因情緒不佳時常流連廟宇尋求寧靜，在寺廟中深受佛法感召，自覺一身罪孽必須透過佛法洗滌，因此，在寺中住持的鼓舞下剃度爲尼。

最早之初，她深覺能毅然放下家庭拋空諸物潛身佛海，是她莫大的福報，而她也更自我砥礪的精進學習。最嚴酷時她的子女曾來寺中找她，她硬是狠下心腸避之不見，原本以爲她這樣可以遠離火宅紅塵不受業力所纏，但在往後的數年間，她輾轉得知女兒婚姻離異、兒子因案入獄，即使她一再抑制浮動不安的心情，但每每念及當年她對一雙兒女避之不見的景況，她又總是揪心的認定兒女的不幸福，是她這個失職的母親親手造成。

數年來她念念不忘，心中的大石時刻壓抑著她喘不過氣來，當初她一心以爲自己好好潛心學習，必定可以讓一家人在災難之餘，求得一時舒緩甚至消災滅罪，但現在時間證明一切，業力的催索彷彿跨越神聖的教義來到跟前，讓她疑惑而失措。

有一次她從信徒手中看到《這樣拜才有效》一書，吸引她的倒不是求名求利的方法，而是字裡行間似曾相似的論說，於是她一口氣看完所有相關書籍，並且決定「姑且一試」，所以我們才會有在地藏庵遇見的機緣。當時女尼感慨的說，她修法多年卻是在「燒紙錢」的過程中看見神蹟，子女、先生回到她身邊，諒解她並且支持她。她說，她的引導神告訴她，並非願力不敵業力，而是坐而修、起而行，應該齊頭並進，猶如筷子是兩根一雙，一根筷子是無法起任何作用的。

末了，比丘尼問我，她該不該還俗，她想回去還給她的子女一個媽媽，雖然時間有點晚，但她還是想盡最大努力去圓滿人間。如果一切皆因緣所生、一切皆因緣所化，那麼，該不該還俗應該反問因緣而不是他人吧！

個人業力是指在輪迴的時間序裡，與外在人事物碰撞一起的結果，因此，初階的個人業力轉化，在尚未得知發生何事時，便可以請求地藏王或是閻羅天子（包公）作主審覆開赦。事實上，還有另一位太乙救苦天尊也專司此事，但因台灣較少供奉太乙救苦天尊，因此本篇以地藏王和包公爲主，敘說請其轉化個人業力的方法。

請託神明轉化個人業力的最佳時機，可以自行參閱農民曆上的「刀砧日」，刀砧日並非一般人認定的不祥之日，而是在哪一天讓人靜思己過。因此，一年之中就有許多的「刀砧日」，意思是要給大家更多反省的時間，也正是將功補過的機會，所以在「刀砧日」去請求辦理個人業力，往往可以得到事半功倍之效。

基本上神明的「有求必應」是建立在天天等你來報到的基礎上，也就是說，辦理家族業力必須先獲得玉皇大帝或是西王金母的同意，而辦理個人業力只要你有心，每一個「刀砧日」都可以直接備妥四品禮物，前往請求神尊幫你與業力協商。

在「刀砧日」前必須先備妥以下四品禮物：

一、準備事項

1、鮮花一對、五果一份。
2、請求開赦個人業力禱文。
3、赦個人業力四品表。

二、說明

例如，到新莊地藏庵請求開赦個人業力，可先用黃紙（A4）紅筆書寫如下禱文：

奉香拜請地藏庵 地藏王菩薩在上，弟子王小明民國七十一年農曆八月八日吉時出生，現居中華民國台灣省台北市大吉路一六八號八樓，

今刀砧日良辰吉時誠心奉稟聖尊，祈求神威顯赫開赦個人今生因果業力，若蒙神恩加披恩賜三聖筊得獲聖裁，今後必當以聖尊之名行功造德答叩神恩。

弟子王小明百拜上申

中華民國一〇一年十二月八日吉時

個人業力四品禮物清單如下：

開赦個人業力四品表

品名	數量	品名	數量
大箔壽金	二十支	甲馬	三十支
刈金	六十支（一包有十支）	壽生蓮花	三十六朵

壽金	三十支	往生蓮花	二一六朵
福金	六十支	補運錢	三十支
大銀	四十支	本命錢	三十支
小銀	二十支	天官錢	十支
黃錢	三十支	地官錢	十支
白錢	三十支	水官錢	十支
巾衣	四十支	解厄錢	十支

注：以上述的數量擲筊請示增減。

經應允後應以黃紙紅筆書寫，出具稟文如下：

奉香拜請 地藏王（包公祖）在上，弟子王小明民國七十一年農曆八

月八日吉時出生，現居中華民國台灣省台北市大吉路一六八號八樓，
今日良辰吉時誠心祈求神威辦理今次個人業力，祈求神威顯赫開赦個
人業力因果，若蒙神恩澤披業力轉化冥陽兩利，今後必當以聖尊之名
行功造德答叩神恩。
備辦四品敬請鑒納：
（以下書寫上表四品禮物）
上呈
地藏庵　地藏王菩薩
慈聞
弟子王小明百拜上申
中華民國一〇一年十二月八日吉時

三、奉拜程序

1、備妥上述稟文紙錢後，先點上香朝門外拜，奉請玉皇大帝前來協助（若有接引導神，也要呼請引導神），稟明今天是前來請地藏王菩薩轉化個人業力，請求庇佑今天能辦理順利。

2、此時取出備好的疏文，先唸：

> 奉香拜請 地藏王（包公祖）在上，弟子王小明民國七十一年農曆八月八日吉時出生，現居中華民國台灣省台北市大吉路一六八號八樓，今日良辰吉時誠心祈求神威辦理今次個人業力，祈求神威顯赫開赦個人業力因果，若蒙神恩澤披業力轉化冥陽兩利，今後必當以聖尊之名行功造德答叩神恩。

3、唸好後即插上香，再到其他偏殿奉香稟報祈求順利。

4、全部拜好之後先休息片刻，此時正是神尊與你的業力協商之際，最後休息大約二十分鐘左右，通常爲了表現誠意，我大都去神前跪等，一方面表示懺悔意，一方面也可以神的神聖能量幫自己洗滌晦氣。

5、二十分鐘後再點三炷香到地藏王面前唸疏文上所列的四品禮物，唸完擲筊，若是一個聖筊就可以叩謝插香。

6、若是蓋杯或是笑杯，則要逐一按品名請示數量，直到求得一聖筊。

7、若是仍然沒有聖筊，則再請示是否需要再辦一次，若得一聖筊，表示還要重新辦一次。

8、全部燒好後再去向地藏王及諸神答謝，即可打道回府。

土地公也能送外陰兼補庫

在《這樣拜土地公才有效》一書中，曾經將福德正神區分爲「天富福德正神」、「地藏福德正神」，這是站在求財以及天地運財的角度來看，但除此之外，福德正神所管轄的事情除了財之外，還有其他族繁不及備載，例如，庄頭田尾的土地公不僅要負責幫農家人守住稻糧，還要負責管理夭折無人照料的小孩。

小時候生長在南部鄉下，四周都是果林、稻田圍繞，每到夕陽下山時，倦鳥歸巢天將昏暗後，有時會無意中瞥見遠處的田埂中，彷彿看見一排朦朧的人影經過。有次下雨過後滿天紅霞，清晰的看見行伍中，前面第一個是個拄杖的老人，後面跟著幾個面無表情的小孩子，有約莫三歲、五歲或八歲模樣的小孩。當時我也很小，好奇的想過去跟他們一起玩，卻一把被外婆抓住，死命往家裡拖，後來外婆才半恐嚇的說，那些小孩子都是夭折田野的小孩，前面帶頭的是土地公。

小孩子似懂非懂，但一聽到是與阿飄有關，就再也不敢跑出家門，有一天晚上尿急，半夜起來小便，聽見外面有鐵器撞擊的聲音，我偷偷的從房間的窗戶望出去，又看見那一隊行伍，不同的是清楚的看見小孩的身上鎖著手鐐腳銬，鐵器撞擊的聲音就是他們走路時發出來的響聲，當時我還不到六歲，卻已經知道無可言喻的恐懼，此後每當雨後黃昏，我再也不敢在田埂滯留。

這個記憶始終在腦海裡揮之不去，長大至今也無法確認當時看到的爲何，但對於事務繁忙的土地公卻印象很深刻。後來接觸神學知道土地公又名福德正神後，對土地公的敬意油然而生，世間人要的不就是福報？而福報的獲得實乃出自功德，冥界諸神有福與德的唯土地公。

所有的神從肉體凡胎開始修練，所謂的修成正果，不外是「己達達人」，先成就自己再成就他人。因此修佛時，佛修成正果只是說明他覺悟人生的苦樂，但他若要再往更上一層，則必須度化他人，如果眾生不識他不求他，他無法度化眾生，他也不過仍是一位達己的修行者而已，輪迴的時間一到，他仍然必須乘願再來人間歷練。

舉例來說，人人都認識阿彌陀佛，遇難聲聲念阿彌陀佛，於是阿彌陀佛得到眾生的信仰，提振他的功德力，於是他的淨土就能無遠弗屆。另一位雪山王佛，由於眾人不識他不求他，因此，即使他成佛了，從成就定義來看，他也只是一位得道的修行者。

道家的「眞人」也是相同的情形，道家修行者遠離紅塵，深山結廬煉丹結胎，企求羽化飛升，這都只是在修練他自己，如果他不被眾生認識不被眾生信仰不被眾生請求，他也只是一名「散仙」與不被信仰的佛無異。

因此不具有功德力的「佛」和不具備功德力的「眞人」，對你來說都是相同的，只是一名修行者而已。佛家常說，眾生皆具佛性，翻成更白話的說法就是：每一個人都具備修行的基本條件，只是看你修不修而已。

福德正神則不同，他是在世爲人時，雖然沒有打坐念經、煉丹結胎，但是他恪盡爲人本份，不但嚴守德操甚至還犧牲爲人，受到眾生的尊崇，於是死後被眾生與天地景仰而拔擢爲神。雖說是小小的福德正神，但祂所到之處諸神禮讓百邪怯步，皆因祂的福德操守天地動容鬼神驚，別以爲他一臉笑瞇瞇就以爲祂隨和好欺負，只要祂願意幫你可是比其他大神更要得力。

福德正神是所有的神祇中最願意助人的一位，但祂並非無條件庇佑，只是條件很寬鬆，只要符合祂的福、德認定標準，通常不用拜師、不用接引導神，祂就能「依法」賜福。

有一次到東部一間香火鼎盛的土地公廟參拜，依例擲筊請安，土地公連續給我七、八個笑杯，那時我深深感覺土地公笑吟吟很開心的樣子，後來再問土地公是不是要幫我補進庫，這時連續三聖筊應允。我向土地公稟報：初來乍到無功不受祿，再次感謝並祝祂香火鼎盛後才離開土地公廟。雖然沒有補進庫，但內心卻充滿喜悅與感恩，人與人、人與神之間能夠結此善緣，山高水遠天長地久綿綿無期，其價值又豈是區區錢財所能比擬？

同樣的狀況也發生在一位賣農產品的朋友身上，他到南投松柏嶺參拜玄天上帝時，配祀的福德正神示現，說他身懷功德要賜他福報，但朋友說他好像沒啥功德，能維持生活水平就不錯了，根本沒法捐錢做功德。大家聽後起鬨說神不會瞎說，一定是他爲善不欲人知，朋友矢口否認，後來他一再地細想，才娓娓的說，他只是將一些即將腐壞的白米，送往偏遠地區給貧窮人家食用，對他而言那並不是功德，反而是貧窮的人幫他消耗即將敗壞的物資，因此，壓根他都沒想過這種事也算功德，在他腦容量不多的頭殼裡，他一直認爲所謂的功德就是捐錢。

而我卻認爲他最大的功德並不在他把即將壞掉的米送往貧窮人家，而是他的珍惜物資，感念五穀皆爲大地所生，深知一米一粒來之不易的信念，進而願意施捨他人，使得他在無形中累積了諸多的功德。

經過聖筊指示的確如此，於是當下立即請福德正神幫他補進庫，返家途中他的太太打電話來，說他店理的農產品，被一群大陸遊客蒐購一空，要他趕緊回家補貨。時至今日每週都有兩輛載滿大陸觀光客的遊覽車來他店裡光顧，應驗了古人常說的「積善之家必有餘慶」的說法。

本節所撰述的送外陰請土地公作主，是因土地公的福與德令百陰怯步之故，要知世間沒有不一物降一物的道理，就像喝酒時的酒拳：棒打老虎雞吃蟲，老虎怕棒子、棒子怕蟲蛀、蟲怕雞吃、雞怕虎食，沒有人是絕對安全或絕對危險的。謀生之道僅存乎仁而已，仁爲福與德，土地公具備了這條件，因此百鬼夜行見土地公來也要側身作揖禮讓三分。

但外陰爲何又會被放入本書中？說來有點荒誕，人人都信「業力說」，但不知是否有人想過「假業力」，說穿了就是栽贓嫁禍賴著不走，一口咬定它是你冤親債主要你全權賠到底。

「假業力」的案例很多，因此必須要身爲法師的人鉅細靡遺的明察秋毫，否則很容易爲當事人帶來不必要的麻煩。而有些假業力的形成，最早始於「外陰入侵」，如前述酒店小姐的嬰靈寶寶到處找酒客當爸爸一事，很多時候外陰和小人等無差別，逐步的接近你，探測你的底線，看你無動於衷就一股作氣全面佔有，最後再掰個你負他的理由，名正言順鳩佔鵲巢。

因此，當有小小外陰進來時（外陰現象請參考前章），千萬不要太大意，免得日積月累最後尾大不掉。這時花點小紙錢，快去請土地公幫你清一清化一化，身體被福德正神的慈威激濁揚清了，又是一尾活龍。

維持身體的潔淨與居家清潔是同樣的道理，有的人每天打掃家裡擦桌抹椅不惹塵埃，有的人衣著光鮮家裡卻塵埃四起，估計是一年打掃一次。身體的潔淨也是如此，如果平時不花點小錢迸迸外陰，等到外陰變成假業力時，勞民傷財大費周章自是免不了的事情。

迸外陰並不難，難的是大家寧可發臉書說美食，也不願走到廟裡去。眞的想經營自己的能量，還是要花點時間去找「伯公仔」幫忙的。

請伯公幫忙不需要疏文及大量紙錢，只要買妥以下四品即可成行：

一、準備事項

1、花、果一份。

2、礦泉水一瓶、花生糖一包。

3、廟金三份、福金三十支（這是給土地公的辛苦費）。

4、刈金三十支（給外陰）。

二、送外陰步驟

1、先找一間香火鼎盛的土地公廟。

2、把供品擺上桌，再點香。

3、點香時請唸誦如下：

> 奉香拜請 福德正神在上，弟子王小明，民國六十五年三月八日吉時生，現居台北市大吉路一六八號，今日備辦四品，奉香祈求土地公作主送外陰，另備刈金三十支，請土地公轉送大小善靈，

祈求各歸本位冥陽兩利共仰神恩同登仙道。

4、稟完後插香擲筊請示刈金增補，若得聖筊，則可拿紙錢去燒化。

5、燒完紙錢後，回去答謝土地公再離開。

6、離去時可帶走五果，礦泉水和花生糖留給土地公老人家慢慢享用。

以上是最一般性的送外陰，若是較爲嚴重時，可以請示增加刈金的數量，若是已經從外陰沾黏進入卡外陰時，則必須到地藏庵請地藏王送外陰及收魂，判定的方法是以送完外陰後的幾天，觀察是否精神愉快心情輕鬆晚間易眠。

觀音淨土專收業力

據說觀音有三十二種法相，而人們迷戀執著於觀音面相慈威莊嚴，卻忘了觀音不同的法相皆因爲了徹底執行祂的任務而轉化。先不去說祂的法相爲何，反觀觀音的重點任務爲何？說穿了就是「慈航普渡」。眾神的國度中唯有觀音的淨土最爲祥和，聲聲念念不忘觀世音菩薩，往生之後則可見觀音聞聲而來引渡淨土。請注意！是「往生」之後，可見觀音的慈航普渡是以「靈體爲宗，肉體爲輔」，也就是說慈悲的觀音願力，是將祂的國度喻爲彼岸淨土，任何靈體眾生均可請求登船。

有一次在上海白雲觀的娘娘殿參拜，娘娘殿內供奉西王金母、明著天妃（媽祖）、圓通自在天尊（觀音）。按台灣人的口頭習慣，一定是稱法相爲觀音菩薩，但那次觀音菩薩卻示現祂在白雲觀內不是觀音，而是「圓通自在天尊」，硬是狠狠的上了我一課。當時我心裡還有點小小的「丫雜」（台語），覺得觀音太吹毛求疵，但後來又發生了一件事，讓我深深懺悔並且從中學會人生處世哲理。

那一次是幫朋友在白雲觀辦完家族業力轉化，接著到娘娘殿請觀音度化業力。請示紙錢時觀音始終不置可否，只是一味的笑杯，後來祂示現「三位一體」，我登時明白觀音天尊要我也化紙錢給其他兩位女神奉安，請示時果然連得三聖筊。

此時，我轉而也求西王金母和天妃請祂們一起度化朋友祖先業力，這時卻得到二位女神的「婉拒」，那時祂們又示現「各司己職」，於是我再改口請圓通自在觀音「作主」請二位女神「協助」，依此下來整件事就眞的圓通自在順暢許多了。

辦完事後自我檢討，深覺人與人之間因爲彼此熟悉而忘了分寸與節儀，反觀宇宙諸神謹守份際不越矩又願意相互幫助，難怪神格大於人格。渺小的人類自認無所不能、傲慢、自恃，而高座案桌上的神尊卻處處謙卑禮讓，想來不禁讓人汗顏。

白雲觀的觀音堅持祂是「圓通自在天尊」也是相同的道理，身份因地制宜才能堅守本位，每個人在不同的環境扮演不同的角色，就像觀音的三十二相一樣，一相一緣都是爲了圓滿而現，不能混淆一起模糊視聽。

觀音不管怎麼變，祂的天命仍是慈航普渡，因此，不管辦家族業力或個人業力，最後仍須請觀音度化業力以求圓滿。爲何還要勞煩觀音作主？我們可以假設冤親債主是不具肉體的靈魂，當你透過紙錢清償所欠之後，你和冤親債主之間便沒有任何債務關係，以後各走陽關道，你是具有肉體的人，無債一身輕後可以到處亂跑，但靈魂體的冤親債主得到賠償之後，又要魂歸何處等待輪迴？

人家說「送佛送到西」，大家不打不相識，在冤親債主輪迴之前，你不妨多做一點功德，請觀音收留你的業力，或淨土修行或等待輪迴均可，他日人間相逢彼此相見歡，多了一個至親少了一個敵人豈不是皆大歡喜的事情？因此，在度化業力中，要不要請觀音收留你的業力完全看你自己個人決定，並不強求。

要請觀音度化業力可準備以下四品禮物：

一、準備事項

1、花果一份。

2、廟金六份。

3、補運錢三十支（上面第一張用紅筆寫你的姓名、生辰、地址）。

4、壽生蓮花十二朵（要蓋手印）。

5、往生蓮花十二朵（要蓋手印）。

6、九色壽生蓮花三組（要蓋手印）。

7、九色往生蓮花三組（要蓋手印）。

二、業力度化步驟

1、找一間香火鼎盛可燒紙錢的觀音廟。

2、將花、果、四品擺上供桌。

3、點香上稟觀音：

奉香拜請　觀音菩薩在上，弟子王小明，民國六十五年三月八日吉時生，現居台北市大吉路一六八號，今日備妥四品請求聖駕慈航度送家業（個業），使魂有所歸靈有所託，以合觀音願力之德眾生竟功有成。

4、唸完後要接著稟告今日所備的四品數量，接著擲筊，得一聖筊則成。

5、通常觀音慈悲很少有蓋杯的。

6、燒化完紙錢、蓮花再向觀音道謝離去（若可添香油錢尤佳）即可。

初步的化業力方式在本書中詳述殆盡，唯因個人、家族業力不同，無法一一道盡。但萬法唯心、道本一源，秉持著誠心、恆心、懺悔心持續進行，天神感念必當法雨普施，在此恭祝每個人業力圓滿，福報無窮！

國家圖書館出版品預行編目資料

這樣拜才有出頭天 ／王品豊著 . -- 初版 .-- 臺北
市：春光出版：家庭傳媒城邦分公司發行，民
101.08
面 ； 公分. --

ISBN 978-986-6572-99-9（平裝）

1. 民間信仰　2. 輪迴　3. 因果

271.9　　101011873

這樣拜才有出頭天（全新封面版）

——解答因果業力，助您翻身轉運的第一本拜拜書

作　　者／王品豊
企劃選書人／劉毓玫
責任編輯／張婉玲

版權行政暨數位業務專員／陳玉鈴
資深版權專員／許儀盈
資深行銷企劃／周丹蘋
業務主任／范光杰
行銷業務經理／李振東
副總編輯／王雪莉
發 行 人／何飛鵬
法律顧問／元禾法律事務所　王子文律師
出　　版／春光出版
台北市104中山區民生東路二段 141 號 8 樓
電話：(02) 2500-7008　傳真：(02) 2502-7676
部落格：http://stareast.pixnet.net/blog
E-mail：stareast_service@cite.com.tw
發　　行／英屬蓋曼群島商家庭傳媒股份有限公司城邦分公司
台北市中山區民生東路二段 141 號 11 樓
書虫客服服務專線：(02) 2500-7718 / (02) 2500-7719
24小時傳眞服務：(02) 2500-1990 / (02) 2500-1991
讀者服務信箱E-mail: service@readingclub.com.tw
服務時間：週一至週五上午9:30～12:00，下午13:30～17:00
劃撥帳號：19863813　戶名：書虫股份有限公司
城邦讀書花園網址：www.cite.com.tw
香港發行所／城邦（香港）出版集團有限公司
香港灣仔駱克道 193 號東超商業中心 1 樓
電話：(852) 2508-6231　傳眞：(852) 2578-9337
E-mail : hkcite@biznetvigator.com
馬新發行所／城邦（馬新）出版集團【Cite (M) Sdn Bhd】
41, Jalan Radin Anum, Bandar Baru Sri Petaling,
57000 Kuala Lumpur, Malaysia.
Tel: (603) 90578822　Fax:(603) 90576622
email:cite@cite.com.my

封面設計／黃聖文
內頁排版／浩瀚電腦排版股份有限公司
印　　刷／高典印刷有限公司

■ 2012 年（民 101）8 月 2 日初版
■ 2023 年（民 112）6 月 1 日二版1.3刷
Printed in Taiwan

售價 / 260元

城邦讀書花園
www.cite.com.tw

ISBN　978-986-6572-99-9
EAN　471-770-290-292-6

廣　告　回　函
北區郵政管理登記證
台北廣字第000791號
郵資已付，免貼郵票

104台北市民生東路二段141號11樓

英屬蓋曼群島商家庭傳媒股份有限公司

城邦分公司

請沿虛線對折，謝謝！

愛情・生活・心靈

閱讀春光・生命從此神采飛揚

春光出版

書號：OC0064X　書名：這樣拜才有出頭天（全新封面版）
——解答因果業力，助您翻身轉運的第一本拜拜書

請於此處用膠水黏貼

讀者回函卡

謝謝您購買我們出版的書籍！請費心填寫此回函卡，未來若舉辦作者見面會、講座等活動，我們將與您聯繫。

姓名：________________________

性別：□男　□女

生日：西元________年________月________日

地址：____

聯絡電話：________________ 傳真：________________

E-mail：____

職業：□1.學生 □2.軍公教 □3.服務 □4.金融 □5.製造 □6.資訊

□7.傳播 □8.自由業 □9.農漁牧 □10.家管 □11.退休

□12.其他 ________________________________

您從何種方式得知本書消息？

□1.書店 □2.網路 □3.報紙 □4.雜誌 □5.廣播 □6.電視

□7.親友推薦 □8.其他 ________________________

您通常以何種方式購書？

□1.書店 □2.網路 □3.傳真訂購 □4.郵局劃撥 □5.其他 ________

您是否有興趣參加拜拜講座？

□1.願意 □2.不願意 □3.看地點時間再決定

對於拜拜講座，您有什麼寶貴建議？________________________

請於此處用膠水黏貼